AF297395

LA SOCIÉTÉ POPULAIRE

DES

Amis de la Constitution

DE

BEAUMONT EN PÉRIGORD

SOUS LA LÉGISLATIVE ET LA CONVENTION
(Avril 1792 - Août 1795)

PAR

L. TESTUT

PROFESSEUR D'ANATOMIE A LA FACULTÉ DE MÉDECINE DE LYON
ASSOCIÉ NATIONAL DE L'ACADÉMIE DE MÉDECINE
CORRESPONDANT DE L'ACADÉMIE DES SCIENCES, BELLES-LETTRES ET ARTS
DE BORDEAUX
LAURÉAT DE L'INSTITUT (PRIX MONTYON 1885 ET 1907)

Avec 24 figures dans le texte.

BORDEAUX

FERET ET FILS, LIBRAIRES-ÉDITEURS
9, RUE DE GRASSI, 9

1923

LA SOCIÉTÉ POPULAIRE

DES

Amis de la Constitution

DE

BEAUMONT EN PÉRIGORD

<h1 style="text-align:center">DU MÊME AUTEUR :</h1>

De la symétrie dans les affections de la peau, étude physiologique et clinique sur la solidarité des régions homologues et des organes pairs, thèse inaugurale, in-4° de 500 pages, Paris, 1876.

Couronné (Prix des Thèses) par la Faculté de Médecine de Paris.

Vaisseaux et nerfs des tissus conjonctif, fibreux, séreux et osseux, thèse pour le concours d'agrégation (*Section d'Anatomie et de Physiologie*), Paris, 1880, in-4° de 250 pages, avec 4 planches en lithographie.

Les anomalies musculaires chez l'homme expliquées par l'anatomie comparée, leur importance en anthropologie, un volume gr. in-8° de 858 pages, Paris, G. Masson, éditeur, 1884.

Ouvrage couronné par la Société d'Anthropologie de Paris (Prix Broca, 1883),
par l'Institut de France (Prix Montyon, 1885)
et par la Faculté de Médecine de Paris (Prix Chateauvillars, 1885).

Qu'est-ce que l'homme pour un anatomiste ? Leçon d'ouverture du cours d'anatomie à la Faculté de médecine de Lyon, Paris, 1887.

Recherches anthropologiques sur le squelette quaternaire de Chancelade (Dordogne), tirage à part du *Bull. de la Soc. d'Anthropologie de Lyon,* 1889, gr. in-8° de 122 pages, avec 14 planches, dont 4 en photogravure.

Traité d'anatomie humaine, 7ᵉ édition, 4 volumes gr. in-8° avec 3.720 figures tirées en plusieurs couleurs, Paris, G. Doin, éditeur, 1922.

Ouvrage couronné par l'Académie de Médecine (Prix Saintour, 1902).
Traduit en italien et en espagnol.

Traité d'anatomie topographique avec applications médico-chirurgicales (en collaboration avec M. Jacob), 2 volumes gr. in-8° avec 1.476 figures tirées en plusieurs couleurs, 4ᵉ édition, Paris, G. Doin, éditeur, 1922.

Ouvrage couronné par l'Institut, Académie des Sciences (Prix Montyon, 1911)
et par l'Académie de Médecine (Prix Saintour, 1912).
Traduit en italien et en espagnol.

Précis d'anatomie descriptive, à l'usage des candidats au premier examen de doctorat, un volume de 832 pages, 12ᵉ édition (*Collection Testut*), Paris, G. Doin, éditeur, 1922.

Traduit en italien et en espagnol.

Précis-Atlas de dissection des régions, un volume in-4° avec 72 planches en couleurs (trichromie) et 65 figures dans le texte (en collaboration avec MM. Jacob et Billet), Paris, G. Doin, éditeur, 1921.

Traduit en espagnol

La Bastide de Beaumont en Périgord (1272-1789), étude historique et archéologique, 2 volumes gr. in-8° avec 15 planches et 263 figures dans le texte, Bordeaux, Feret et fils, libraires-éditeurs, 1920.

Pages d'histoire locale : La vie communale à Beaumont en Périgord à la fin de l'ancien régime, un volume in-12 de 336 pages, avec 15 planches et 37 figures dans le texte Bordeaux, Feret et fils, libraires-éditeurs, 1921.

Sous presse :

La petite ville de Beaumont en Périgord pendant la période révolutionnaire, 2 vol. gr. in-8° de 1.050 pages chacun.

LA SOCIÉTÉ POPULAIRE

DES

Amis de la Constitution

DE

BEAUMONT EN PÉRIGORD

SOUS LA LÉGISLATIVE ET LA CONVENTION

(Avril 1792 - Août 1795)

PAR

L. TESTUT

PROFESSEUR D'ANATOMIE A LA FACULTÉ DE MÉDECINE DE LYON
ASSOCIÉ NATIONAL DE L'ACADÉMIE DE MÉDECINE
CORRESPONDANT DE L'ACADÉMIE DES SCIENCES, BELLES-LETTRES ET ARTS
DE BORDEAUX
LAURÉAT DE L'INSTITUT (PRIX MONTYON 1885 ET 1907)

Avec 24 figures dans le texte.

BORDEAUX

FERET ET FILS, LIBRAIRES-ÉDITEURS
9, RUE DE GRASSI, 9

1923

INTRODUCTION

Le club des Jacobins de Paris, dit les *Amis de la Constitution*, avait dans les départements un grand nombre de
Sociétés affiliées, qui remplissaient exactement, auprès des administrations départementales, des administrations du district et
des municipalités, le rôle important qu'il jouait lui-même,
à Paris, auprès de l'Assemblée nationale : surveillant discrète-
ment mais attentivement leurs faits et gestes, stimulant leur
zèle dans la lutte quotidienne qu'elles avaient à soutenir pour
le développement de la révolution, les aidant de leur autorité
et de leurs conseils, mais aussi dans bien des cas les « invitant »
(c'était le terme consacré) à prendre telles ou telles mesures
qu'elles leur indiquaient et qu'en réalité elles leur imposaient

Les sociétés affiliées étaient en correspondance suivie avec
la société mère, qu'elles renseignaient soigneusement sur tout
ce qui se passait dans leur région et qui, en échange, plusieurs
fois par semaine et quotidiennement quand cela était nécessaire, leur donnait des nouvelles de Paris, leur faisait connaître
les lois et décrets promulgués par l'Assemblée et, aussi, leur envoyait des instructions plus ou moins impératives sur lesquelles
elles réglaient leur conduite. Le club parisien avait ainsi dans les
clubs provinciaux une multitude d'agents dévoués et disciplinés
qui, sur un simple mot d'ordre parti de Paris, aiguillaient les
administrations des départements, des districts et des munici-

palités dans une direction donnée, exactement la même pour toutes les régions. Par ces ramifications dans les départements, les Jacobins acquirent une puissance d'action considérable. Ils arrivèrent à former comme un État dans l'État et leur influence sur les événements qui se déroulèrent en province fut d'autant plus prépondérante que le gouvernement, de par la Constitution même, se trouvait dépourvu de tout moyen d'action sur les administrations départementales et communales. Le club des Jacobins devint ainsi un des organismes les plus importants et les plus actifs de la Convention.

Le département de la Dordogne fonda de bonne heure des sociétés populaires, et ces sociétés se multiplièrent rapidement. Henri Labroue [1] en a compté jusqu'à soixante-dix-neuf et la liste qu'il a donnée n'est probablement pas complète. Beaumont eut la sienne dès le mois d'avril 1791. Elle fut créée par les révolutionnaires les plus marquants de la ville, auxquels vinrent se joindre, en 1792 et 1793, un très grand nombre d'adhérents de l'un et de l'autre sexes, soit de la municipalité de Beaumont, soit des autres municipalités du canton.

Parmi les sociétés populaires qui s'organisèrent dans le voisinage de Beaumont, je signalerai celles de Bergerac, de Lanquais, de Couze, de Lalinde, de Badefols, de Limeuil, de Cadouin, de Belvès, de Montpazier, d'Issigeac. Comme bien on pense, tous ces groupements révolutionnaires, y compris celui de Beaumont, étaient plus ou moins exaltés: la société de Montpazier réclamait les têtes des scélérats Georges et Pitt; les « sans-culottes » de Belvès (60 membres) demandaient que la Montagne, épurant le sanctuaire de la liberté, expulsât de la Convention ceux qui, «faibles ou faux», n'avaient pas voté la mort de Louis XVI; la société de Cadouin applaudissait « à la mort d'Antoinette »; celle de Bergerac, à son tour, délibérait « à l'unanimité qu'il serait fait une adresse à la Convention pour la remercier d'avoir fait tomber la tête de l'infâme autrichienne », etc. Disons tout de suite que les *Amis de la Constitution* de Beaumont, bien que

---

1. H. LABROUE, *Les Sociétés populaires en Dordogne*, La Révolution, 1913.

sincèrement acquis aux idées avancées, n'insultèrent jamais de la sorte aux victimes de la Terreur.

La Société populaire de Beaumont, fondée au mois d'avril 1791, fut dissoute au mois d'août 1795. Elle avait duré quatre ans et trois mois.

Mais il s'en faut de beaucoup que nous ayons en mains les procès-verbaux de toutes les séances. Nous possédons, de la Société populaire de Beaumont, deux cahiers ou registres, le premier allant du 3 avril 1791 au 30 janvier 1792, le second commençant le 31 janvier 1792 et se terminant le 17 frimaire de l'an II (7 décembre 1793).

Le *premier cahier*, trouvé dans les papiers Foussal, a été communiqué par M. Nigoul à M. l'abbé Chastaing, curé de Bourniquel, lequel l'a passé, à son tour, à M. l'abbé C..., vicaire de Beaumont : ce dernier a quitté le pays sans restituer le précieux manuscrit, et toutes tentatives faites pour le retrouver ont été jusqu'ici infructueuses. Fort heureusement, M. le curé Chastaing, avant de s'en dessaisir, en avait transcrit une grande partie dans un cahier spécial, qu'il a bien voulu, avec son obligeance ordinaire, mettre à ma disposition, et qui renferme l'analyse sommaire de toutes les séances, jusqu'au 13 octobre inclusivement.

Le *deuxième cahier* est en ma possession. Je l'ai trouvé dans le grenier de la mairie, au milieu de vieux papiers à moitié détruits par les souris ou les gouttières. Il est lui-même assez bien conservé. La première séance porte la date du 31 janvier 1792; la dernière, celle du 17 frimaire de l'an II.

Il y avait un *troisième cahier*, qui a disparu. Je l'ai vainement demandé aux Archives départementales de la Dordogne et à celles de la Gironde. J'ai tout lieu de croire qu'il était entre les mains de M. Ters, ancien maire de Beaumont, et qu'il a eu le sort des nombreux documents municipaux que possédait ce dernier.

Les délibérations de la Société populaire nous présentent donc deux lacunes : une première lacune comprenant l'intervalle compris entre le 13 octobre 1791 et le 30 janvier 1792, soit trois mois et demi; une deuxième lacune, beaucoup plus importante celle-là, allant du 8 frimaire de l'an II jusqu'à la dissolution de la Société en fructidor an III (août 1795), soit un intervalle de vingt mois.

Il nous est naturellement impossible, avec ces deux lacunes, de faire de la Société populaire de Beaumont une histoire complète : un grand nombre de faits, peut-être plus ou moins insignifiants, mais peut-être aussi d'une importance considérable, nous échappent. Nous n'en connaissons pas moins, par les nombreuses séances que contiennent les deux registres arrivés jusqu'à nous, l'organisation de la Société, l'état d'esprit qui régnait parmi ses membres et un très grand nombre de faits qui éclairent notre vie municipale sous la Législative et la Convention. Il serait long et fastidieux de reproduire ici dans l'ordre chronologique les procès-verbaux de toutes les séances de la Société. Je préfère, comme l'a fait M. Labroue pour la Société populaire de Bergerac, en faire une étude plus générale et, adoptant la méthode synthétique, j'envisagerai successivement, dans sept paragraphes distincts :

1º La *fondation*, l'*organisation* et le *fonctionnement* de la Société populaire;

2º Sa *politique générale ;*

3º Sa *politique religieuse ;*

4º Son *rôle et son action dans la défense nationale ;*

5º Ses *rapports avec la municipalité ;*

6º Ses *relations avec les Sociétés populaires des environs ;*

7º Les *questions de personnes* dans les séances publiques ;

8º La *fin de la Société.*

LA SOCIÉTÉ POPULAIRE

DES

Amis de la Constitution

DE BEAUMONT EN PÉRIGORD

I

LES « AMIS DE LA CONSTITUTION DE BEAUMONT »
SON ORGANISATION, SON FONCTIONNEMENT

La Société des *Amis de la Constitution* de Beaumont fut fondée dans les premiers jours d'avril, avec un bureau composé de Louis Ters[1], président; Antoine Révauger[2], vice-président; Jean Baptiste Lacoste[3] et Gilles Darchier[4], secrétai-res. Le nom du trésorier ne nous est pas connu.

Tout ce qui concernait son organisation et son fonctionnement se trou-vait consigné dans un long

FIG. I.

Le citoyen Louis Ters,
le premier président de la Société populaire.

règlement, comprenant cinquante-deux articles, dont le premier est ainsi conçu : «L'objet de la Société des *Amis de la Consti-*

---

1. TERS (Louis), officier de santé, consul sous l'ancien régime, maire sous la Consti-tuante, habitait sur la Rue Ramond, la maison occupée aujourd'hui par Me de Lanauze.
2. RÉVAUGER (Louis), bourgeois, habitant Bonnote.
3. LACOSTE (Jean Baptiste), huissier national, habitant, sur la Rue Deytier, la maison appartenant aujourd'hui à M. Auriel, boucher.
4. DARCHIER (Gilles), notaire, habitant la grande maison qui fait l'encoignure de la Rue Deytier et de la Rue de la Porte de Lusiés (maison Malivert aujourd'hui).

tution de Beaumont sera, premièrement, de travailler au maintien et à l'affermissement de la Constitution suivant l'esprit des décrets de l'Assemblée nationale et des instructions et des vues des *Amis de la Constitution* de Paris et de correspondre avec les sociétés du même genre formées ou à former dans le royaume. » Ce règlement, du reste, était à peu près semblable, dans la forme comme dans le fond, à celui de toutes les Sociétés populaires.

Chaque membre de la Société recevait du président un *certificat patriotique* qui, en attestant son civisme et son attachement à la Constitution, lui servait de passeport et lui assurait, quel que fût l'endroit où il se trouvait, un accueil fraternel dans les Sociétés populaires affiliées à la sienne. Voici le modèle de ce certificat :

Société des Amis de la Constitution de Beaumont.

VIVRE LIBRE OU MOURIR
LA NATION, LA LOI ET LE ROI

Certificat patriotique.

Nous, membres du club des Amis de la Constitution de Beaumont, certifions et attestons à tous les bons Français que notre frère... (*ici le nom du membre de la Société*) est membre de notre Société et qu'il a donné des preuves non équivoques d'attachement et de respect pour la loi.

Nous prions, en conséquence, toute société, club, assemblée, sous quelque dénomination que ce soit, qui, comme la nôtre, est fondée sur l'égalité, la liberté, l'amour de la patrie et le saint respect dû aux décrets de l'Assemblée nationale, de lui faire l'accueil que méritent son patriotisme et son courage à maintenir la Constitution contre tous ceux qui en seront des ennemis.

Fait au club des Amis de la Constitution de Beaumont, le...

(*Signatures.*)

Le club Jacobin de Beaumont tint d'abord ses séances dans une maison particulière qui donnait sur la Place Publique. Quelle est cette maison? Aucun document ne nous l'indique. Mais j'ai tout lieu de croire qu'elle se trouvait située du côté du couchant et qu'elle était probablement, ou l'ancienne maison Delord (aujourd'hui maison Coste), ou l'ancienne maison Delpech (aujourd'hui maison Boisserie), mais je ne saurais l'affirmer. Plus tard (9 octobre 1793), le nombre des membres de la Société s'étant considérablement accru et le local qu'ils occupaient sur la place étant devenu insuffisant, nos Jacobins mirent la main sur la chapelle de l'ancien couvent des Dames de la Foy (*fig.* 2), et c'est là désormais qu'ils se réunirent.

FIG. 2.

L'ancienne chapelle du couvent des Dames de la Foy, devenue la salle des séances de la Société populaire.

A droite, le maître-autel ; à gauche et en bas, la petite porte s'ouvrant sur le vestibule de l'entrée du couvent ; en haut, la tribune. Tout au fond, répondant à la travée du chœur, la petite chapelle dite Chapelle de la Vierge.

La salle des séances de la Société était très simplement meublée : une grande table pour le bureau avec une sonnette pour le président et une urne pour les scrutins, une chaire pour les orateurs, des bancs ou des chaises pour les assistants et c'est tout. Çà et là, sur les murs, s'étalaient de nombreux tableaux, où étaient affichés par les soins du secrétariat le règlement de la salle, les avis de la Société, l'ordre du jour des séances, les lois et décrets de l'Assemblée nationale, les arrêtés du département ou du district, etc. L'éclairage pour les séances du soir était assuré par des lampes à huile ou de vulgaires chandelles que supportaient des appliques apposées aux murs.

Le bureau de la Société se composait d'un président, d'un vice-président, de deux secrétaires et d'un trésorier : c'est ce qu'on appelait les *Officiers de la salle*. Ils étaient nommés au

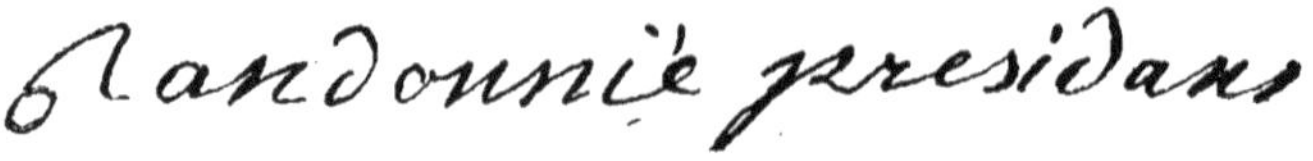

FIG. 3.

Le citoyen Randonnier,
président de la Société populaire en octobre 1793.

scrutin, en séance publique, par les membres présents. Aux termes du règlement, ils étaient renouvelables tous les mois, mais nombreux sont les cas où ils restaient en fonctions deux ou même trois mois. Cette prolongation, quoique irrégulière, se faisait à la suite d'un accord tacite : elle ne souleva jamais aucune protestation. Nous avons vu plus haut que la Société eut pour premier président le citoyen Louis Ters et pour premiers secrétaires les citoyens Gilles Darchier et Jeau Baptiste Lacoste.

FIG. 4.

Le citoyen Blanchard,
secrétaire de la Société populaire en octobre 1793.

Parmi les citoyens qui occupèrent après Louis Ters le fauteuil présidentiel, nous citerons Pierre Melon, Jacques Foussal, l'abbé Jacques Delpit, curé de Beaumont, Delpit père, Révauger, Darchier, Labarrière, l'abbé Lacoste, successeur de Jacques Delpit à la cure de Beaumont, Lacoste père, Randonnier, Arnaud Tinet sⁱ de Lacombe. Comme secrétaires, nous rencontrons successivement les citoyens Girot marchand, Labarrière instituteur, Delpit fils marchand, Darchier notaire, Blanchard tailleur d'habits, Randonnier forgeron, Bertrand huissier de la justice de paix, etc. Aux secrétaires incombait la tâche, souvent difficile, d'assurer la correspondance de la Société, de convoquer les membres aux réunions, de rédiger les procès-verbaux des séances, de veiller à l'exécution des arrêtés, etc. Ils s'en acquittèrent toujours avec exactitude et dévouement. Les procès-verbaux de Labarrière sont toujours très correctement écrits.

Au début, la Société populaire interdit formellement l'entrée des séances à toute personne qui ne faisait pas partie de la Société. Elle tenait beaucoup au secret de ses délibérations et prenait toutes sortes de précautions pour fermer sa salle et son bureau à des « intrus », qui pourraient bien n'être que des ennemis de la révolution. Un jour, le 14 août 1791, une femme s'était sournoisement introduite dans la chambre située au-dessus de la salle des séances. Dans la séance du 16, un membre, en signalant le fait, exposa que la femme en question était une « femme suspecte » et qu'elle ne s'était introduite dans la maison que « pour se mettre à la portée de voir ou d'entendre ce qui se passait dans la séance ». Et il réclama contre elle une sanction sévère. La Société, « penchant à l'indulgence », décida que pour cette fois elle passerait là-dessus, mais qu'à l'avenir, elle prendrait contre les indiscrets et les indiscrètes des mesures rigoureuses. Et, pour éviter le retour de pareils faits, elle exigea du propriétaire de la maison que, les jours où auraient lieu les séances, il garderait en poche la clef de la chambre qui se trouvait au-dessus de leur salle.

Le 11 octobre 1791, un certain nombre de membres de la Société demandèrent que les séances fussent désormais publiques. Une pareille proposition, qui était en opposition formelle avec l'esprit qui règne dans les clubs, fut vivement combattue et finalement rejetée. On décida cependant, « pour l'utilité des citoyens », que seraient publiques les séances du dimanche et des jours de fêtes. Ces séances auraient lieu dans l'après-midi, à la sortie des vêpres. Et comme la Société était embarrassée pour porter cette décision à la connaissance des habitants de la campagne, le président (qui était alors le curé Delpit) voulut bien se charger « de les prévenir lui-même au prône de la messe ».

Sauf ces séances dominicales, où les citoyens qui ne faisaient pas partie de la Société étaient admis, toutes les réunions étaient strictement secrètes. Elles avaient lieu le plus souvent dans la soirée, vers 7 ou 8 heures, et étaient annoncées d'ordinaire par voie d'affiche. Dans la séance du 2 juillet 1791, un membre proposa de les faire annoncer « par quelques coups de baguette ou le son d'une petite cloche qui serait transportée à cet effet de la ci-devant annexe de Montcany ou une des cloches de l'église de la présente ville ». Mais cette proposition ne fut pas acceptée séance tenante et, dans la séance suivante, il fut décidé qu'on délibérerait de nouveau sur cette question « au temps où ladite cloche serait en place convenable ». C'était un ajournement *sine die*.

Les citoyens qui désiraient faire partie de la Société ne pouvaient y être admis qu'à la suite d'un vote en séance publique. Ils devaient, tout d'abord, être présentés par deux membres, lesquels répondaient de leur civisme. Quant au vote pour leur admission, il ne pouvait avoir lieu dans la séance même où était faite la présentation, mais était renvoyé à la séance suivante. Au début, et conformément à l'article 2 des statuts, il fallait aux candidats pour être admis les deux tiers des suffrages exprimés. Mais plus tard, on se contenta de la moitié et, le 26 frimaire an II, la Société supprima l'article 2 de son règlement, en décidant «que la moitié des voix plus une suffirait à l'avenir, comme par le passé, pour la réception des candidats ».

Les nouveaux affiliés avaient pour premier devoir de prêter le serment d'usage : « *Je jure d'être fidèle à la Nation, à la Loi et au Roi et de maintenir de tout mon pouvoir la Constitution du royaume.* » Après la fuite de Varennes, le 1er juillet 1791, la Société supprima de la formule du serment les mots de fidélité au roi. Le 25e jour du 2e mois de l'an II de la République, un membre demande que le serment auquel est assujetti tout membre de la société soit échangé et prêté en ces termes : « *Je jure d'être fidèle à la Nation et à la Loi ; de maintenir la liberté et l'égalité de la République une et indivisible.* » Il y avait même, à la Société de Beaumont, pour la prestation du serment, une autre formule, qui se trouve inscrite sur la couverture du registre des délibérations et dont on se servait probablement pour les gens illettrés. Le président, en s'adressant aux nouveaux membres, leur disait : « *Vous jurez d'être fidèles à la Nation et à la Loi, de maintenir la Liberté et l'Égalité, de ne point permettre que le patriote soit insulté par l'aristocrate.* » Et, levant la main, ils répondaient : « *Je le jure* ».

Bien qu'admis par un vote régulier dans la Société populaire, les membres de la Société n'en étaient pas moins surveillés dans leurs agissements et, de temps à autre, ils devaient se soumettre à un nouveau scrutin, dit *épuratoire*, qui disait à la Société s'ils avaient conservé leur civisme et étaient toujours dignes de faire partie des *Amis de la Constitution*. Les vrais républicains, alors, avaient comme une phobie des suspects, et ils prenaient précautions sur précautions pour n'avoir autour d'eux que des amis sûrs.

Le 18 vendémiaire de l'an II, la Société vota, pour l'une de ses prochaines séances, un *scrutin épuratoire général*, auquel seraient soumis tous ses membres. Ce scrutin épuratoire eut lieu dans la séance du 15 frimaire, sous la présidence du citoyen Lacoste, curé de la commune. Nous lisons, à ce propos, dans le procès-verbal :

L'ordre du jour étant le scrutin épuratoire délibéré le 18ᵉ jour du premier mois et fixé à aujourd'hui, en conséquence : l'assemblée a procédé à cette opération avec toute l'équité possible, devant séparer pour toujours ce qui pouvait se trouver indigne de sa confiance. Chaque membre présent ayant été scrutiné par rang de liste, il est résulté du scrutin que tous les membres présents qui ont passé au creuset patriotique ont été trouvés dignes d'être comptés au nombre des *Amis de la Montagne* de Beaumont, à l'exception des citoyens L..., (de Merle) et T... aîné, qui ont été rejetés comme indignes de participer aux précieux avantages des amis et des défenseurs de la Liberté et de l'Égalité

Huit jours plus tard (22 brumaire), un membre ayant demandé qu'un scrutin épuratoire général ait lieu ainsi tous les mois « pour éprouver si tous les membres se maintenaient dans leur républicanisme », l'assemblée applaudit et vota la proposition à l'unanimité.

Les présidents des *Amis de la Constitution* se plaignaient généralement, et non sans raison, du peu d'empressement des sociétaires à assister aux séances. Si quelques-uns, particulièrement fervents, s'y rendaient avec une exactitude des plus louables, d'autres, beaucoup moins zélés, n'y faisaient que de rares apparitions, ou même ne s'y montraient jamais. Le 1er décembre 1792, dans la première séance qui eut lieu sous la Convention, un membre, après avoir exposé que la Société se trouvait privée depuis longtemps de la présence de certains citoyens agrégés, demande que, aux termes des statuts, tous ceux qui n'auraient pas paru à la Société pendant douze séances consécutives seraient regardés comme ayant renoncé à l'association et, en conséquence, seraient rayés du tableau. La question ayant été mise en discussion, un membre de la Société fait remarquer avec raison que les citoyens qui seraient ainsi menacés d'exclusion par défaut d'assiduité devaient être invités préalablement, par les soins du président, à se rendre, dans le délai de quinzaine, dans le sein de l'assemblée pour y exposer les raisons de leur absence, et ce n'est qu'alors qu'on pourrait, en toute connaissance de cause, prendre une décision à leur égard. Cette observation ayant été reconnue fondée, le président se fait remettre la liste des membres qui tombent sous le coup de la motion précitée, et décide qu'ils seraient invités, par le secrétariat, à se rendre à l'assemblée pour s'expliquer et qu'en cas de refus de leur part, « ils seraient censés avoir renoncé à l'affiliation pour toujours et déclarés indignes de contracter désormais aucun lien avec la Société sous aucun rapport et qu'en conséquence leurs noms seraient biffés sur le tableau. » C'est ainsi que Jacques Foussal, l'ancien maire et juge de Beaumont, fut rayé de la liste des *Amis de la Constitution*.

Jacques Foussal, qui avait été, avec Ters et Révauger, l'un des fondateurs de la Société, qui l'avait même présidée plusieurs fois au lendemain de sa formation et qui tenait à voir figurer son nom sur la liste des sociétaires, protesta contre cette exclusion. Le 9 octobre 1793, il écrivit au président, qui était alors le curé Lacoste, une longue lettre dans laquelle il dit toute sa

surprise de n'être plus inscrit au nombre de ses membres, affir-
mant « qu'il n'a jamais eu intention de se séparer d'elle, que s'il
avait manqué d'assister à plusieurs de ses séances, c'était par
rapport à quelques membres qui ne sont plus », et il finit par
demander sa réintégration. Après la lecture de cette lettre, un
membre ayant demandé et obtenu la parole, fait observer que
le citoyen Foussal, s'étant séparé volontairement de la Société
en n'assistant pas à ses séances depuis bien longtemps, ne
pouvait et ne devait être remis sur la liste « sans passer à une
nouvelle épreuve ». L'observation, transformée en motion et
fortement appuyée, l'assemblée délibère que, « si le citoyen Foussal désire véritablement · d'être réintégré dans ses premiers droits, il sera tenu de se rendre à

FIG. 5.

Le citoyen Jacques Foussal Laroque,
ancien président de la Société.

telle de nos séances qu'il jugera à propos, pour y reconnaître
et confesser qu'il s'est séparé volontairement de la Société
et la prier de vouloir l'admettre de nouveau, aux formes
ordinaires, au nombre de ses membres ». Je ne sais ce qu'il
advint de cette affaire, mais il est très probable que le citoyen
Foussal, soit pour des raisons de politique générale, soit pour
des questions de personnes, n'insista pas. Car, dans toutes
les séances qui suivirent jusqu'au 17 frimaire de l'an II
(7 décembre 1793), le nom de Jacques Foussal n'est même
pas prononcé.

La société des *Amis de la Constitution* de Beaumont ne fut
ouverte, au début, qu'aux citoyens. Les citoyennes, bien qu'acquises elles aussi aux idées du jour, en furent soigneusement
exclues. Ce n'est qu'aux réunions publiques du dimanche et
des jours de fêtes qu'elles étaient autorisées à pénétrer dans la
salle, mais en qualité de simples assistantes.

Deux fois seulement, et dans des conditions vraiment charmantes, les portes s'ouvrirent toutes grandes devant elles.

La *première fois*, ce fut le 28 juin 1791, quelques semaines seulement après la fondation de la Société. La séance était présidée par l'abbé Delpit, vicaire de la paroisse. On était en train de lire des nouvelles quand on annonça la présence, à la porte de la salle, d'une « troupe de jeunes citoyennes » qui demandaient à entrer pour déposer une pétition.

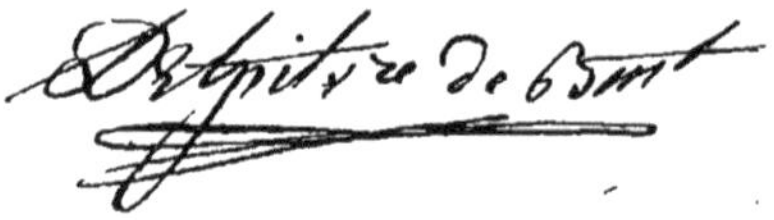

Le président les fait introduire.

FIG. 6.

L'abbé Jacques Delpit, vicaire de Beaumont, président de la Société populaire en 1791.

L'une d'elles, se séparant du groupe, se dirige vers le bureau et prononce le petit discours suivant :

Messieurs,

L'exemple de patriotisme que vous donnez en inspire à tous ceux qui vous environnent, la glorieuse carrière que vous poursuivez nous donne la plus noble émulation. Et ce titre auguste d'*Amis de la Constitution*, dont vous vous qualifiez pique notre ambition. Quel bonheur pour mes compagnes et pour moi, quel triomphe pour notre sexe si nous pouvions participer à votre gloire.

Citoyens, dont le sort est digne d'envie, si nous osions nous flatter au point de nous promettre quelques succès, nous vous demanderions d'être admises au nombre des membres de votre respectable Société, et la plus belle époque de notre vie serait le jour où vous voudriez bien nous procurer ce glorieux avantage.

Croyez, Messieurs, que notre démarche a été dictée par le plus pur patriotisme et le désir que nous aurions de le purifier encore et d'accroître nos connaissances en recevant les belles leçons que vous nous donneriez.

Le président répond en ces termes :

Aimables citoyennes,

Votre patriotisme est d'autant plus digne d'éloges qu'il est plus rare dans la belle portion de la société dont vous faites partie.

Notre Société voit avec la plus grande satisfaction la démarche que vous venez de faire. Elle se plaira à couronner vos vertus civiques, en prenant en considération votre demande. Je vous invite à engager vos compagnes à marcher sur vos traces et à vous suivre dans la glorieuse carrière que vous commencez aussi bien.

Si vous aviez pour agréable d'assister à notre séance, la Société le verrait avec la plus grande joie.

A peine le président a-t-il fini de parler, que quatre jeunes citoyennes, se détachant du groupe, s'avancent vers lui et lui ceignent le front d'une couronne civique. L'abbé Delpit, dont l'émotion est grande, reprend la parole en ces termes :

BELLES CITOYENNES,

Un tel acte de bienfaisance de votre part saisit mon cœur d'une si vive joie que je serais embarrassé pour vous répondre autrement que par des embrassades. Si je n'étais pas prêtre, je prendrais la liberté de vous témoigner ainsi ma reconnaissance.

De tous les points de la salle partent alors ces mots : « C'est égal, c'est égal ! ». Et, ajoute le procès-verbal, « sans laisser couler un grand intervalle, M. le Président s'est montré reconnaissant », au milieu des applaudissements de l'assemblée [1].

La *seconde fois* que les « citoyennes » de Beaumont franchirent le seuil de la Société populaire, ce fut en juillet 1791, à l'occasion de la visite, à Beaumont, de l'évêque Pontard.

Cinq mois après la prestation de serment du curé Pouzargue et de son vicaire, M. Pontard, évêque du département [2], fit annoncer sa visite à Beaumont pour le vendredi 29 juillet (1791).

Au reçu de la nouvelle, le maire et les officiers municipaux se réunirent en séance et arrêtèrent que « ledit sieur Pontard serait accueilli à son arrivée par un détachement de la garde

---

1. Une copie du procès-verbal de cette séance du 28 juin fut envoyée à la Société populaire de Bergerac, qui consigna cet envoi sur ses registres (Séance du 4 juillet 1791) dans les termes suivants (H. LABROUE, *loc. cit.*, p. 147) : « Une adresse de la Société de Beaumont, où était inclus le procès-verbal du 28 juin, portant que les dames citoyennes de Beaumont furent en députation à leur Société, en adressant à Mr le président un discours plein d'énergie et de patriotisme, qui fut terminé en donnant la couronne civique au président, qui paya de retour ces dames par des embrassades, au grand applaudissement de l'assemblée. »

2. Pierre Pontard, évêque constitutionnel du département de la Dordogne, était né à Mussidan le 23 septembre 1749. Il avait commencé ses études au petit séminaire de sa ville natale et les avait terminées au grand séminaire de Périgueux. Ordonné prêtre à l'âge de 27 ans, il fut envoyé tout d'abord à Bergerac comme vicaire, puis à Sarlat comme archiprêtre. Nommé évêque de la Dordogne aux élections du 30 mars 1791, il fut sacré à Bordeaux le 3 avril et installé à Périgueux le 7 avril suivant. Six mois après son installation, en septembre 1791, les électeurs du département, assemblés à Périgueux, l'envoyèrent siéger à la Législative. (Voy. au sujet de l'évêque Pontard : CRÉDOT, *Pierre Pontard, évêque constitutionnel de la Dordogne*, Paris, 1893 ; H. BRUGIÈRE, *Le Livre d'or, etc.*, p. 190 ; R. DE BOYSSON, *Le Clergé périgourdin pendant la persécution révolutionnaire*, Paris, 1917, p. 124 et suiv.

nationale, au bruit du canon et au son de toutes les cloches de la présente ville », et ils donnèrent des ordres en conséquence. Ils firent signifier notamment au sonneur de cloche « d'abandonner » les deux cloches de la paroisse; à la supérieure de la communauté des Dames de la Foy « d'abandonner », elle aussi, la cloche du couvent au moment précis où sonneraient celles de l'église paroissiale.

De son côté, la Société populaire les *Amis de la Constitution*, sous la présidence de Delpit père[1], se prépara à recevoir dignement le nouvel évêque du département.

Dans sa séance du 27 juillet 1791, un membre de la Société, montant à la tribune, annonça l'arrivée de l'évêque Pontard pour le 29 juillet, rappela en détail l'accueil enthousiaste que lui avait fait la population de Lalinde et demanda qu'on lui réservât ici la même réception. Cette motion, combattue par certains, mais vivement soutenue par le plus grand nombre, fut en définitive acceptée par la Société et on arrêta :

1º Qu'il serait rendu des honneurs à M. l'Évêque;

2º Que, sans entrer dans les détails de ce que devait faire la garde nationale, il serait envoyé quatre membres de la Société au-devant de lui, M. le Président en tête;

3º Que, en outre, deux autres iraient le lendemain matin à Lalinde ou à Badefols, où l'on croyait qu'il était, pour s'informer de l'heure où il devait faire son entrée à Beaumont et reviendraient le plus tôt possible rendre compte de leur mission.

Conformément à cet arrêté, les émissaires de la Société partirent le lendemain à la première heure pour Lalinde et, dans l'après-midi, à leur retour, ils firent connaître aux habitants de Beaumont que l'évêque arriverait par le grand chemin de Couze et ferait son entrée en ville le 29 juillet, jour de vendredi, à 5 heures du soir.

Ce jour-là, à 5 heures très précises, un détachement de la garde nationale, accompagné de la municipalité et des quatre

---

1. Le bureau de la *Société populaire*, à cette époque, se composait des citoyens Delpit père, *président*; Girot, *vice-président*, et Jean Baptiste Labarrière, *secrétaire*.

délégués de la Société populaire, alla à la rencontre de l'évêque, et quand celui-ci avec son cortège parut à l'ancienne porte Froment, les canons municipaux saluèrent son arrivée, en même temps qu'applaudissait une foule enthousiaste et que sonnaient à toute volée les cloches de la paroisse.

Après avoir monté la Rue Froment, il arrive avec son cortège sur la Place Publique et se dirige tout d'abord vers le local de la Société populaire, qui se trouvait sur cette place et où tous les sociétaires avaient été convoqués en séance extraordinaire. L'évêque demande alors la parole et, l'ayant obtenue, prononce un discours que le procès-verbal de la séance qualifie de « sublime ». Après les applaudissements que soulève cette allocution, le président Delpit père en prononce une autre « analogue aux circonstances ». Puis, pour répondre à un désir manifesté par M. Pontard, il fait donner lecture, par le secrétaire greffier, d'un des procès-verbaux les plus intéressants.

Immédiatement après, un membre, dont le procès-verbal ne nous donne pas le nom, demande la parole et à son tour prononce un discours, comme le précédent « analogue aux circonstances ». Il parlait déjà depuis quelque temps, lorsqu'il est interrompu « par l'entrée pompeuse d'une troupe de jeunes citoyennes, portant une corbeille surmontée d'une couronne ». L'une d'elles, se détachant du groupe, s'avance vers l'évêque, lui fait « un compliment très flatteur », dit le procès-verbal, et, après lui en avoir demandé la permission, elle lui ceint le front d'une couronne civique, que ses compagnes « portaient en triomphe ». M. Pontard profite de l'occasion qui lui est offerte pour faire un deuxième discours « des plus sublimes et des plus attendrissants ». Lorsqu'il a fini, les applaudissements, qui avaient été interrompus pour l'entendre parler de nouveau, recommencent « avec plus de force que jamais ».

Le calme rétabli, M. le Président « fait placer commodément et à côté de M. l'Évêque, conformément au désir de celui-cy, les jeunes citoyennes »; et, alors, le membre de la Société, qui tout à l'heure avait la parole quand ces dernières ont fait leur entrée, reprend son discours et conclut « à ce que, vu que M. l'Évêque avait été longtemps en butte à la calomnie et qu'il pourrait encore avoir des ennemis, même dans ce pays-cy, la Société devait apporter l'exactitude la plus scrupuleuse à prévenir tout ce qui serait dans le cas de ternir sa réputation ». Et, en conséquence, il fait la motion « qu'il soit pris des moyens pour obvier à ce désordre et que chaque membre surveille ses calomniateurs, afin de les dénoncer, si le cas échéait ». Cette motion, mise aux voix, est acceptée « à la presque unanimité ». Sur ce, M. le Président, avec l'assentiment de l'évêque, lève la séance.

Les deux faits que nous venons de signaler nous montrent nettement que les citoyennes de Beaumont, sont très aimablement accueillies au club. Chacun rend hommage à leurs sentiments patriotiques, mais on persiste à leur refuser l'admission dans la Société.

Il faut arriver au commencement de l'an II (octobre 1793) pour voir nos clubistes revenir un peu de leur ancien rigorisme et donner aux citoyennes de Beaumont la satisfaction qu'elles attendaient depuis si longtemps. Dans la séance du 26 brumaire de l'an II, un membre, ayant obtenu la parole, demanda que « les personnes du sexe fussent reçues au nombre des membres de la Société avec voix délibérative ». Sur quoi, un autre membre de la Société s'efforça de démontrer « l'inconséquence d'une pareille motion, à considérer surtout *avec voix délibérative* ». Après un long débat auquel prirent part les principaux membres de la Société, l'assemblée délibéra que « les personnes de sexe, d'un civisme connu, seraient *affiliées* seulement à la société, avec droit de porter la parole, mais sans voix délibérative ». Et, séance tenante, un membre posa la candidature de la citoyenne Colin, la femme du maire, et un autre membre, la candidature de la citoyenne Reynal, la femme de l'officier municipal, lesquelles furent admises et prêtèrent serment dans la séance suivante.

Aux citoyennes Colin et Reynal, les deux premières femmes de Beaumont admises dans la Société populaire, vinrent, les mois suivants, s'en joindre une multitude d'autres, notamment la citoyenne Loiseau, la citoyenne Labarrière, la citoyenne Blanchard, la citoyenne Coste, la citoyenne Mianne, la citoyenne

Dubut, la citoyenne Randonnier, la citoyenne Fonvive (de Lapradelle), la citoyenne Latour, la citoyenne Grenier Lagrave, la citoyenne Tinet aîné, la citoyenne Jardel, etc. A ces noms bien connus, qui appartiennent à la bourgeoisie beaumontaise, vinrent s'en joindre d'autres, ayant une consonance un peu plus plébéienne : la Marianne de Bertrand, la Cadète de Grimard, la Duserche, la fille de Jean, la femme du Cadet charpentier, la Nanon, la nommée Jeanne dite Chose, etc. La Société,

FIG. 7.

Le citoyen J. B. Labarrière,
Secrétaire de la Société populaire en octobre 1793.

nettement bourgeoise au début, était, en 1793, quelque peu démocratisée.

L'admission de citoyennes aux séances des *Amis de la Constitution* ne provoqua jamais le moindre incident. Du reste, elles se firent constamment remarquer par une tenue des plus correctes et, constamment aussi, les citoyens se montrèrent pleins d'égards pour elles. Le 1er frimaire an II, à la demande d'un des membres de la Société, on leur réserva, dans la salle des séances, la petite chapelle où se plaçaient autrefois les religieuses, et il fut délibéré « que ledit lieu serait disposé d'une manière propre *à ce qu'aucune citoyenne ne fût incommodée* ».

La police de la salle était confiée à deux commissaires, dits *Commissaires d'ordre*, qui étaient nommés au début de chaque séance et qui avaient pour mission d'assurer, soit dans la salle, soit dans la tribune, le maintien de l'ordre et de la tranquillité. Leur rôle fut généralement facile, car le bureau prenait toutes les précautions possibles pour n'admettre aux séances que des personnes paisibles et, en tout cas, pour en interdire l'entrée à tout citoyen en état d'ébriété. Dans la séance du 22 brumaire, un membre fit une motion aux termes de laquelle tout individu qui s'introduirait dans la salle des séances plus ou moins pris de vin, en serait d'abord expulsé séance tenante, puis le lendemain recevrait une lettre du président l'informant qu'il ne pourrait, pendant un mois, assister aux séances de la Société. Il demande, en outre, que tout ivrogne qui causerait des troubles au sein de l'assemblée, serait frappé d'une exclusion définitive. Cette

FIG. 8.

Le citoyen Tinet, sr de Lacombe,
président de la Société populaire en octobre 1793.

motion, mise aux voix, fut votée sans observations aux applaudissements de l'assemblée.

Non seulement la Société populaire ne voulait pas d'ivrognes, mais elle exigeait que tous ses membres se présentassent aux séances dans une tenue correcte. Dès les premières réunions, un membre, ayant obtenu la parole, demande « qu'il soit défendu d'assister aux séances sans habit ou veste », ou bien encore d'y paraître « avec canne, bâton, épée ou autres armes, avec tablier d'ouvriers bouchers », ce qui, ajoute l'auteur de la proposition, « est contre les règles de la décence dans une société d'honnêtes citoyens ». Et, dans la séance du lendemain, le président, avant de prendre possession du fauteuil, ne manque pas de rappeler qu'aucun membre ne doit se présenter à l'assemblée « en chemise, en tablier d'ouvrage ou le bonnet sur la tête ». Par contre, il fut exigé que tous les clubistes, les femmes comme les hommes, ne pénétreraient dans la salle qu'après avoir épinglé à leur coiffure ou à leur vêtement la cocarde tricolore. Cette prescription ne fut pas toujours régulièrement observée, car le 14 frimaire de l'an II, une motion fut votée à l'unanimité, portant que toute personne de l'un ou de l'autre sexe qui se présenterait aux séances, soit dans la salle, soit dans la tribune, sans porter sur elle ce « signe civique », ce « signe républicain », serait expulsée sur-le-champ.

La caisse de la Société des *Amis de la Constitution* de Beaumont était alimentée par les cotisations de ses membres. Chacun d'eux était tenu de verser annuellement une somme de 3 francs, soit 5 sous par mois, 1 sou par semaine. Le produit de ces cotisations était notoirement insuffisant pour parer aux dépenses de la Société, en raison de la « cherté de toute espèce de marchandises », et, comme bien on pense, les *Amis de la Constitution* se trouvèrent rapidement en déficit. Le 28 septembre 1793, ils se virent obligés, la caisse étant vide, de doubler les cotisations et cela, dit le procès-verbal, « jusqu'à ce que la Société se fût entièrement libérée de ses dettes et qu'elle eût fait ses provisions d'hiver », en éclairage, en chauffage et en fournitures de bureau.

La situation financière de la Société était d'autant plus précaire que ses membres n'étaient jamais pressés de verser leurs cotisations. Déjà, le 6 mars 1792, le trésorier se plaignait de ne pouvoir, malgré tous ses efforts, arriver à faire rentrer les fonds et, en présence de difficultés financières à peu près insurmontables, il demandait à être remplacé.

Pour remédier à cette situation pénible, la Société délibéra qu'à l'avenir le mois serait payé d'avance et que tout retardataire qui ne se serait pas acquitté à la fin du mois, serait rayé de la liste des sociétaires. Un membre proposa d'afficher dans la salle les noms des retardataires. Un autre voulait que le président fît connaître publiquement, au début de chaque séance, les noms de ceux qui étaient encore redevables de tout ou partie de leurs cotisations. Toutes ces mesures, insuffisantes ou mal appliquées, restèrent sans effet : les fonds ne rentraient pas et la caisse était toujours vide. Le 4 décembre 1792, la Société, ayant à renouveler sa location de la salle et manquant de fonds pour désintéresser le propriétaire de la maison, nomma deux commissaires, les citoyens Reynal père et Dumeau fils, « à l'effet de se transporter devers les membres redevables et de les solliciter à se libérer entièrement ». Reynal et Dumeau, avec un zèle et un dévouement des plus louables, allèrent de porte en porte tendre la main aux « redevables »; mais, hélas, ils rencontrèrent un peu partout plus de promesses que d'argent et ils n'apportèrent au trésorier, pour employer l'expression du procès-verbal, qu'« une recette des plus modiques ». Alors, la Société, après avoir épuisé « toutes les voies de douceur et de médiation envers les frères », se vit forcée, « malgré ses sentiments paisibles et fraternels », de recourir aux procédés de rigueur pour obtenir la rentrée de ses fonds. En conséquence, et à la suite d'une délibération qui fut prise à l'unanimité (décembre 1792), elle nomma un procureur syndic, le citoyen Grenier fils, et lui donna tous les pouvoirs nécessaires pour citer en justice tous ceux de ses membres qui persisteraient dans le refus de verser leurs cotisations en retard.

Cette dernière mesure fut sans doute excellente, car, dix mois plus tard, en octobre 1793, la Société y eut de nouveau recours : elle nomma cette fois, pour faire rentrer ses arrérages, les citoyens Delpit et Guilhaume Reynal, « avec pouvoir, si besoin était, de s'adresser soit à la justice de paix, soit aux tribunaux ». La Société des *Amis de la Constitution* de Beaumont, on le voit, ne fut jamais une de ces sociétés privilégiées où la fonction de trésorier est une charge facile et agréable. Elle fut toujours pauvre.

II

LES « AMIS DE LA CONSTITUTION » DE BEAUMONT
ET LA POLITIQUE GÉNÉRALE

Les *Amis de la Constitution* de Beaumont, sincèrement
acquis à la *Déclaration des droits de l'homme et du citoyen*,
eurent pour objet essentiel de défendre contre l'ancienne
noblesse — les *ci-devant nobles*, comme on disait alors — la
Constitution nouvelle du royaume, basée, comme on le sait,
sur le principe de la souveraineté du peuple.

Louis Ters, en prenant possession de la présidence, le
9 avril 1791, prononça le discours suivant, qui traduit fidèlement,
avec ses sentiments personnels, ceux de la Société tout entière :

« Messieurs,

» J'ai appris, avec plaisir et reconnaissance, que vous m'aviez
fait l'honneur de me nommer pour présider la Société des *Amis
de la Constitution*, que vous avez formée dans cette ville. En
acceptant cette place, je sens toutes les obligations que je
contracte. Vous pouvez compter sur mon zèle à la remplir et
je m'engage à faire tous mes efforts pour mériter votre confiance
et justifier votre choix.

» Il s'est formé, dans presque toutes les villes du royaume, des
clubs ou sociétés sous le nom des *Amis de la Constitution*. C'est
le rassemblement des citoyens animés du patriotisme le plus
pur, prêts à verser la dernière goutte de leur sang pour maintenir la Constitution du royaume décrétée par l'Assemblée nationale et sanctionnée par le Roy. Ces sociétés ne sont pas des corps

délibérants. Elles ne sont point chargées d'une part d'administration, ni des fonctions judiciaires, mais elles pourront faire connaître les décrets et, en les soumettant à la discussion, influer sur l'opinion publique et contribuer au bonheur commun.

» Notre Constitution est le fruit de la réflexion de plusieurs philosophes du siècle présent et *(un mot illisible)* savantes de nos représentants. Elle établit et conserve le droit de l'homme. Tous les intérêts ont été pesés et les différents pouvoirs, agissant les uns contre les autres, en maintiennent l'équilibre, sans lequel tout serait détruit, et nous retomberions dans le despotisme dont nous venons de sortir. L'histoire des peuples de la terre ne nous offre rien de pareil et nous pouvons nous flatter que nous possédons la Constitution la plus parfaite qui ait jamais existé.

» La liberté de chaque citoyen repose sur la loi : elle est notre sauvegarde, elle veille sur nos personnes et défend nos propriétés. Nous devons donc tous être soumis aux lois pour maintenir cette liberté qui doit être notre idole. Car, Messieurs, nous ne pouvons jouir de notre liberté qu'autant que l'exercice que nous en faisons ne nuira aucunement à la liberté d'autrui. Sans cette correspondance mutuelle, nous tomberions dans une anomalie affreuse qui serait pire que le despotisme dont la nation a brisé le sceptre.

» Les lois sont faites par les représentants du peuple nommés par nous. Elles seront à l'avantage du plus grand nombre ; et, si l'intérêt particulier de quelque individu se trouve blessé, il doit céder aux circonstances et faire des sacrifices pour le bien général.

» Il va se former bientôt une fédération générale entre tous les clubs du département de la Dordogne et même entre tous ceux des quatre-vingt-trois départements du royaume qui ont pris la dénomination d'*Amis de la Constitution*. Vous serez invités, Messieurs, à envoyer des députés à une assemblée générale qui se tiendra pour former des règlements généraux et contracter l'accord le plus intime. Nous ne formerons plus, à l'avenir, qu'une même société, qu'une même famille. Cette union assurera la Constitution. Elle reposera sur une base solide et inébranlable. Que pourront, en effet, les ennemis de la Constitution contre tant de millions d'hommes libres prêts à verser tout leur sang pour conserver leur liberté, dont le cri de guerre sera : « *Vivre libre ou mourir.* »

» Quant à moi, Messieurs, je fais aujourd'hui le serment que, dans toutes les circonstances de ma vie, je sacrifierai tout pour le bien général et pour maintenir notre Constitution jusqu'à mon dernier soupir. »

Comme on le voit, les membres composant la Société populaire de Beaumont applaudissent à l'organisation nouvelle que l'assemblée allait donner à la France, mais ils sont toujours sincèrement royalistes. Quelque ardentes que soient leurs aspirations révolutionnaires, ils n'ont pas encore songé à remplacer la monarchie par un gouvernement républicain.

Louis Ters, comme pour témoigner sa reconnaissance aux *Amis de la Constitution* qui l'avaient mis à leur tête, leur fit don du *cachet de la Société.* Ce cachet, que j'ai pu me procurer et que je reproduis ici, a une forme circulaire, mesurant 30 millimètres de diamètre. Il nous présente, en son milieu, un triangle supporté par une hampe que surmonte un bonnet phrygien. Dans le triangle même se voient les quatre suscriptions : LA NATION, LA LOI, LA CONSTITUTION, LE ROI. Sur les deux côtés du triangle, à gauche et à droite, sont écrits les mots de LIBERTÉ et d'ÉGALITÉ. Le tout est entouré par deux branches de chêne qui s'entrecroisent à la partie supérieure et à la partie inférieure. Enfin, au-dessous du triangle, on lit : CLUB DE BEAUMONT. Louis Ters était, à cette époque (il n'en fut pas de même plus tard), l'un des principaux dirigeants du club de Beaumont. Dans la séance du 22 août 1791, le président, qui était ce jour-là Delpit père, le complimenta et, « à la grande satisfaction de l'assemblée », déposa sur son front une couronne civique.

Quand Louis XVI, après de longues réflexions, se décida enfin à accepter la Constitution (13 septembre 1791), la Société populaire de Beaumont, qui en fut immédiatement informée par la Société mère, nomma deux commissaires (20 septembre 1791), à l'effet de se rendre auprès de la municipalité pour solliciter l'autorisation de « faire chanter un *Te Deum* en action de grâces et à célébrer l'acceptation que le roi avait faite de l'Acte constitutionnel par des reconnaissances publiques ». Et, comme la municipalité faisait la sourde oreille, elle prit sur

FIG. 9.

Le sceau de la Société populaire
de Beaumont.

elle-même, dans la séance suivante (24 septembre 1791), « pressée de porter au peuple la connaissance d'un si grand acte », de voter des réjouissances publiques, sauf à demander ensuite à la municipalité de s'associer à cette manifestation.

La Société populaire de Beaumont, avec ses fondateurs, Louis Ters, Révauger, Jacques Foussal, Gilles Darchier, Pierre Melon, l'abbé Delpit, Delpit père, Jean Baptiste Lacoste, etc., fut d'abord une société bourgeoise, ne comptant dans ses rangs que des citoyens *actifs*, c'est-à-dire payant un impôt direct au moins égal à la valeur de trois journées de travail. Mais plus tard, sous la Législative et la Convention, elle vit venir à elle des gens du peuple, de pauvres ouvriers de la ville ou de la campagne, dont beaucoup n'étaient même pas électeurs. Avec cet élément populaire s'introduisirent dans la Société des mœurs démocratiques. Le mot de *monsieur* fut remplacé par celui de *citoyen*; au mot de *madame* se substitua peu à peu celui de *citoyenne*. Dans la séance du 24 septembre 1793, un membre de la Société observa que « dans un état républicain (on était alors

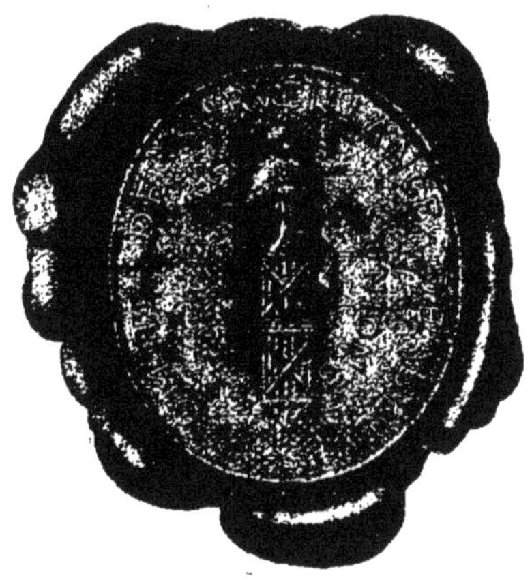

FIG. 10.

Le sceau du Comité de surveillance
de Belvès.

en république), où tous jouissaient des mêmes prérogatives, il était indigne de voir subsister encore des termes consacrés par le despotisme » et il demanda que dorénavant le mot de *vous* en s'adressant à une seule personne fût aboli entre sociétaires, « ce mot ne pouvant se prononcer qu'en adressant la parole à plusieurs ». Une pareille motion fut vivement applaudie et la majorité s'étant prononcée en sa faveur, le président annonça que « le mot de *vous*, quand on ne s'adresserait qu'à une seule personne, était pour toujours aboli dans le sein de la Société ». Quelques mois plus tard, un mot de saveur toute révolutionnaire, le mot de *sans-culotte*, fit son apparition dans la Société : le 1er frimaire an II, le Comité de surveillance de Belvès invita les *Amis de la Constitution* de Beaumont à désigner un « sans-culotte du canton » pour se joindre à lui, et la Société, après élection, envoya au comité séant à Belvès le « sans-culotte Loiseau », juge de paix du canton.

Il est intéressant de constater que, au fur et à mesure que la Société populaire *bourgeoise* évolue vers la *démocratie*, ses fondateurs s'éloignent peu à peu de la Société. Elle n'est plus, comme jadis, présidée par les citoyens bourgeois Ters, Révauger, Foussal. A sa tête se voient maintenant des citoyens autrement avancés : le curé Delpit, le curé Lacoste et l'instituteur Labarrière, l'ennemi personnel de Jacques Foussal. Rappelons, à ce sujet (voy. p. 17), que Jacques Foussal, avec quelques autres, fut rayé de la liste des membres pour s'être dispensé, pendant de longs mois, d'assister aux séances de la Société, et se vit dans l'obligation, en octobre 1793, de demander sa réintégration.

La Société populaire de Bergerac, en 1791, avait demandé que les électeurs peu aisés fussent indemnisés de leurs frais de déplacement et elle les indemnisait elle-même pour ne pas voir « les avantages de la fortune suppléer les talents et les vertus ». Obéissant à un même sentiment, les *Amis de la Constitution* de Beaumont, à propos de l'envoi à Bergerac du citoyen Labarrière, prirent une décision analogue (13 brumaire an II) : « Comme il pourrait arriver qu'un individu qui réunirait les suffrages de la Société ne pourrait avoir les facultés de supporter les frais de voyage que sa conscience le mettrait dans le cas de faire ou que du moins il ne pourrait faire ces dépenses sans déranger ses affaires personnelles, un membre a demandé que dorénavant celui qui recevrait quelque mission éloignée de la part de la Société fût indemnisé des frais de voyage. » La motion fut appuyée et délibérée.

Sous la Convention, après la proclamation de la République, de nombreux travailleurs sollicitèrent leur admission dans la Société populaire. La Société se démocratisa ainsi de plus en plus et, en octobre 1793, elle se décida, en témoignage de son admiration pour la conduite des Montagnards, à changer de nom et à prendre désormais celui de *Société de la Montagne.*

La délibération est curieuse et mérite d'être reproduite. La séance est présidée par Lacoste, curé de la commune :

> La séance ouverte, un membre, après avoir obtenu la parole, a observé, avec toute la vivacité d'un républicain, que la Liberté devait son salut à la Montagne; que c'était de cette Montagne sainte qu'était sortie la foudre qui, roulant depuis longtemps sur la tête de ces hommes vils dignes d'être esclaves, de ces hommes qui, sous le voile d'un faux patriotisme, ne cherchaient qu'à détruire le signe de la Liberté, avait fini par les écraser; que c'était elle qui était l'arc-boutant du vrai bonheur du peuple et que, sans elle, nous serions plongés dans le plus affreux esclavage; qu'elle seule avait osé porter une main vengeresse sur le trône, digne par ses forfaits d'être anéanti depuis longtemps; et que nous devions tous nous glorifier de porter le glorieux nom de Montagnards.
>
> Ce même membre a ensuite fait la motion que notre Société fût d'ores et déjà désignée sous le nom de *Société de la Montagne*. La motion ayant été vivement applaudie, l'assemblée a délibéré que, désormais, la Société républicaine de Beaumont porterait le nom de *Société de la Montagne* séant à Beaumont.

Et, à partir de ce moment, les admissions des nouveaux membres sont faites, non plus aux *Amis de la Constitution*, ni à la *Société populaire*, mais à la *Société de la Montagne*.

Gardienne vigilante des conquêtes de la Révolution, la Société populaire de Beaumont surveilla attentivement les *suspects...*, suspects de regretter l'ancien régime et de chercher à le rétablir. Dès le 28 juin 1791, à la suite de la fuite du roi et de son arrestation à Varennes, elle décida, « vu les circonstances critiques dans lesquelles on se trouvait alors et la nécessité de découvrir les conspirateurs », que son président, accompagné d'un autre membre de la Société, se rendrait à la municipalité, à l'effet de lui demander de nommer deux commissaires qui, après avoir prêté serment de garder le secret sur les affaires étrangères à l'intérêt général, « ouvriraient toutes les lettres qui se trouvent à la poste avant qu'elles ne soient remises aux différents particuliers à qui elles sont adressées, ces précautions étant nécessaires pour déjouer les ennemis du bien public ». Cette démarche, toutefois, n'eut jamais lieu. Dans la séance du 3 juillet 1791, la Société, se rapportant au décret de l'Assemblée nationale qui défend sous des peines graves la fracture des sceaux et l'ouverture des lettres, retira « la pétition que les circonstances critiques où l'on se trouvait alors l'avaient engagée à faire à la municipalité ».

Le 20 mars 1793, un membre de la Société propose la création d'un *Comité de sûreté générale*, comprenant quatre membres et un secrétaire. Cette proposition ayant été adoptée à l'unanimité, le président invite l'assemblée à constituer le comité en question. L'assemblée désigne alors le citoyen Labarrière pour remplir les fonctions de président, en lui laissant le choix des trois autres membres. En conséquence, Labarrière, à son tour, désigne les citoyens Lacoste, Reynal et Colin. Les quatre membres du Comité, ainsi arrêtés, désignent eux-mêmes leur secrétaire : leur choix se porte sur Labarrière, lequel se trouve être à la fois le président et le secrétaire du Comité.

La Société se montra sans pitié pour les suspects, non seulement pour les hommes, mais encore pour les femmes. Le 27 mars 1793, elle reçut une lettre du citoyen Delpit (le procès-verbal de la séance ne nous dit pas lequel), ayant pour objet de demander à la municipalité de vouloir bien mettre en liberté les femmes détenues dans la maison d'arrêt. En réponse, la Société arrêta qu'il n'y avait pas lieu de délibérer sur une pareille proposition.

Six mois plus tard (1er octobre 1793), les membres composant le *Comité de salut public* séant à Belvès adressèrent à la Société populaire de Beaumont une lettre à l'effet de l'inviter à correspondre avec eux, à leur dénoncer tout individu dont la conduite paraîtrait suspecte, à prendre enfin toutes les mesures de salut public pour déjouer les manœuvres des ennemis de l'intérieur. Le président, à son tour, invita tous les citoyens présents à correspondre aux vues salutaires du Comité de salut public, « en surveillant plus particulièrement tous les gens suspects et en les dénonçant avec impartialité». Sur ce, un membre, ayant obtenu la parole, fit observer que, « pour entretenir une correspondance plus suivie avec ledit comité et accélérer les opérations qui pourraient survenir, il serait nécessaire d'établir dans le sein de la Société un *Comité de surveillance* qui correspondrait directement avec le Comité de salut public ». La motion ayant été mise aux voix et adoptée sans discussion, on décida

que le Comité de surveillance du présent canton se composerait
de six membres et que ces six membres seraient nommés, séance
tenante, au scrutin public et à la pluralité des suffrages. Le
choix des électeurs se porta sur les citoyens Ters, Blanchard,
Labarrière, le curé Lacoste, Carrière aîné et Jacques Coste, maire.
Les nouveaux élus prêtèrent aussitôt le serment de « remplir leurs
fonctions avec exactitude et impartialité », et le Comité entra
immédiatement en fonctions.

Les membres du Comité de surveillance de Beaumont furent
renouvelés le 23 brumaire an II. L'élection, qui avait à nommer
huit commissaires au lieu de six, eut pour résultat l'entrée dans
le Comité des citoyens Blanchard, Ters, Lacoste père, Lacoste,
curé, Carrière aîné, Labarrière et Antoine Reynal père. Ils appartenaient tous au parti démocratique : Louis Ters lui-même
comptait encore parmi les républicains avancés.

Il est à remarquer que la Société populaire de Beaumont
n'admit jamais dans son sein des citoyens issus de familles
nobles. Joseph de Laborde [1], le 14 octobre 1793, demanda à
y entrer. Le vote, conformément au règlement, fut renvoyé à
la séance du lendemain : il ne put recueillir la majorité des suffrages et ne fut pas admis. Et pourtant Joseph Laborde, malgré
ses anciennes attaches royalistes, avait dans la Société des *Amis
de la Constitution*, comme dans la population tout entière, de
vives sympathies : ennemi du bruit et de la violence, il s'était
toujours refusé à se mêler aux manifestations bruyantes des
contre-révolutionnaires ou même à les approuver; il n'était pas,
du reste, tout le monde le savait à Beaumont, un adversaire
résolu des idées nouvelles; il ne faisait au gouvernement aucune
opposition ouverte et il allait même jusqu'à afficher des opinions
libérales; la Société populaire, dans sa séance du 4 frimaire
an II, qui lui fut en grande partie consacrée, vota à une
grosse majorité (29 voix sur 43 votants) un ordre du jour
reconnaissant « que le citoyen Laborde s'était comporté en vrai
citoyen depuis la Révolution »; mais il était d'origine noble et

---

1. Joseph DE LABORDE, né à Beaumont le 4 novembre 1753, ancien capitaine au
régiment royal des Vaisseaux.

c'était probablement là, pour les *Amis de la Constitution*, un fait suffisant pour lui interdire l'entrée de la Société.

Après la mort de Louis XVI, les Montagnards de Beaumont, répondant aux vœux de la Convention, s'efforcèrent de faire disparaître, dans leur circonscription, tout ce qui pouvait rappeler l'ancien régime.

Jusqu'à ce jour, la garde nationale de Beaumont, bien que la République ait été déjà proclamée depuis plus d'un an, avait encore le drapeau de Louis XVI, portant les emblèmes de la royauté. La Société populaire, dans sa séance du 12 octobre 1793, alors que de nombreux décrets venaient de paraître pour la destruction de tout ce qui rappelait l'ancien régime, demanda « que le drapeau de la garde nationale de cette ville, portant les emblèmes de la royauté, fût brûlé et remplacé par un autre drapeau neuf aux trois couleurs », qui lui serait offert par la Société. Et, séance tenante, elle ouvrit une souscription à cet effet, nomma une commission composée des citoyens Girot et Delpit, et délégua son secrétaire, le citoyen Labarrière, pour aller à Bergerac commander le drapeau. Quelques jours après, le 3 brumaire, Labarrière apporta le drapeau et le présenta à la Société qui, l'ayant trouvé « fort à son gré », en fit la remise au commandant de la garde nationale. Les gardes nationales, désormais, comme les troupes de ligne, eurent pour étendard le drapeau tricolore.

Ce ne fut là qu'un commencement.

Dans la séance du 9 octobre 1793, un membre fait observer que les divers certificats que délivre la Société portent encore, comme le drapeau, les emblèmes de la royauté, et il demande au bureau de vouloir bien les renouveler. Un autre membre, tout en partageant les regrets du préopinant de retrouver des souvenirs de l'ancien régime sur les certificats de la Société, croit néanmoins devoir s'opposer à leur renouvellement pour des raisons d'économie (la Société était toujours très pauvre) et, à son tour, il fait observer que « les mêmes certificats pouvaient servir en effaçant les fleurs de lys et le mot de Roi »

C'est ce qui fut fait.

Je reproduis ici (*fig. 11*) en fac-simile le *passeport* qui, quelques jours après (22 brumaire an II), fut délivré par la

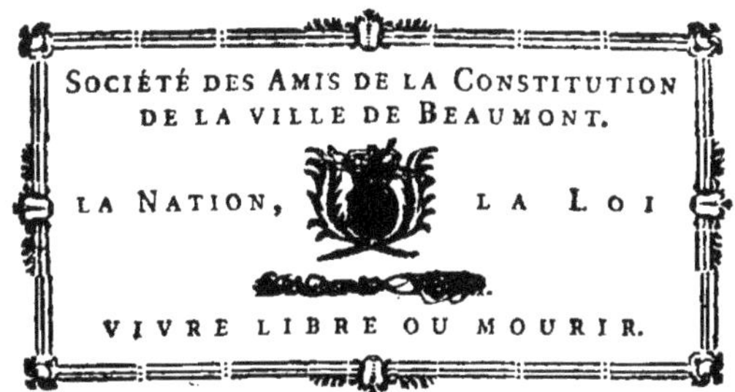

Nous, Citoyens compofant la Société du Club des Amis de la Conftitution de Beaumont, certifions à tous bons Français que *le cit jaques foussal Laroque* — eft Membre de notre Société, & qu'il a donné des preuves non-équivoques de patriotifme & d'attachement à la Loi.

Nous prions en conféquence toute Société, Club, Affemblée, fous quelque dénomination que ce foit, qui, comme la nôtre, eft fondée fur l'égalité de la Liberté, l'amour de la Patrie, & le faint refpect dû aux Décrets de l'Affemblée Nationale, de lui faire l'accueil que méritent fon patriotifme & fon courage à maintenir la Conftitution contre tous ceux qui en feroient les ennemis.

Fait à Beaumont, le 22ème jour du mois *Brumaire* l'an *fecond de la Republique une et indivisible*

Blanchard Secretaire   *Lacoste, prevident*

Labarrere secretaire

Ici en cire rouge le fceau de la fociété populaire

FIG 11.

Le passeport délivré à Jacques Foussal.

Société au citoyen Jacques Foussal Laroque. On constatera que c'est un ancien modèle de la Société des *Amis de la Constitution*, sur lequel la plume de Blanchard, secrétaire, a consciencieusement biffé la couronne royale, l'écusson sous-jacent et les trois mots « ET LE ROI ».

·Trois jours plus tard, le 12 octobre 1793, un membre de la Société populaire demande en séance publique que, conformément à la loi, tous les tableaux, toutes les statues des rois de France et tous les emblèmes de la royauté soient brûlés. La motion est vivement applaudie. Deux commissaires sont aussitôt nommés, les citoyens Bertrand et Delayre, à l'effet de vouloir bien, sous les auspices et avec l'appui de la municipalité, faire un état complet de «tous les tableaux et statues représentant les ci-devant rois de France, ainsi que tous les monuments féodaux »; et on délibère que tous ces vestiges de l'ancien régime, le « régime maudit » comme on l'appelait alors, seront brûlés publiquement le dimanche vingtième du présent mois sur le Champ de la fédération [1]. Et voilà certainement pourquoi nous ne trouvons aujourd'hui, dans les archives municipales de la commune de Beaumont, aucun document antérieur à la Révolution.

---

1. Le Champ de la fédération, à Beaumont, n'était autre que la place de notre Castelot actuel.

III

POLITIQUE RELIGIEUSE DE LA SOCIÉTÉ

Les membres de la Société populaire, au début, étaient des hommes croyants, tenant à faire respecter les usages du culte et les respectant eux-mêmes. Dès le 14 juin 1791, moins de trois mois après sa fondation, la Société mit à sa tête l'abbé Delpit, vicaire, puis curé de la paroisse de Beaumont, et le réélut quatre fois à la présidence. Quand le curé Delpit, décédé, fut remplacé à la cure de Beaumont par le curé Lacoste, celui-ci le remplaça également à la présidence de la Société des *Amis de la Constitution*, qui devait, quelque temps après, prendre le nom de *Société de la Montagne*. Le 22 brumaire an II, un autre prêtre, l'abbé Guibert, curé de Bannes, entra dans la Société et y prêta le serment d'usage. Sur la liste des *Amis de la Constitution* de Beaumont nous voyons figurer un quatrième ecclésiastique, le sieur Lanauve : nous le retrouverons plus loin. La Société populaire, on en conviendra, ne pouvait donner un meilleur témoignage de son respect pour la religion qu'en appelant dans son sein des prêtres et en se faisant présider par eux.

Le 10 avril 1791, la Société, sur la proposition d'un de ses membres demandant qu'il fût fait un service solennel pour le repos de l'âme de M. Riquetti (Mirabeau), arrêta qu'il serait chanté une messe de mort dans l'église de la paroisse et qu'à cette messe seraient invités la municipalité, la garde nationale et tous les Amis de la Constitution. Elle arrêta, en outre, que tous les membres de la Société porteraient le deuil de « cet ami de la Liberté française pendant huit jours ».

Nous avons déjà vu plus haut (p. 19) que l'évêque Pontard, en passant à Beaumont le 29 juillet 1791, fut reçu par la Société populaire. Rappelons ici que les *Amis de la Constitution* lui firent l'accueil le plus chaleureux et que, dans la séance du 2 août, la Société prit une délibération, aux termes de laquelle chacun de ses membres était tenu à surveiller les calomniateurs de l'évêque et à les dénoncer à la Société.

Rappelons encore que, le 20 septembre 1791, la Société populaire de Beaumont nomma deux commissaires pour demander à la municipalité l'autorisation de faire chanter un *Te Deum* en action de grâces pour l'acceptation, par Louis XVI, de l'Acte constitutionnel.

Le 2 brumaire de l'an II, les *Amis de la Constitution* demandèrent encore, à l'occasion de l'entrée des troupes républicaines dans Cholet et Mortagne, qu'il fût chanté un *Te Deum*, le jour de la fête de saint Front, en action de grâces de cette « fameuse victoire sur les Brigands ». Tous les habitants de la ville, sans distinction de sexe, seraient invités, au son de la caisse, à y assister et on nomma six commissaires, les citoyens Delpech, Audissou, Dumeau fils, Girot, Carrière, Lafond et Durant, huissier, avec mission de se tenir à la porte de l'église « pour prendre note de ceux des habitants qui n'y auraient pas assisté, sauf raison légitime ». Tous les hommes répondirent à l'appel de la Société. Les commissaires n'eurent à signaler, comme n'ayant pas assisté à la cérémonie, que quelques femmes du peuple, onze en tout. Un membre de la Société ne manqua pas (séance du 14 brumaire an II) de proposer l'inscription de ces onze citoyennes sur la liste des personnes suspectes. L'assemblée ne fut pas complètement de son avis et délibéra, fort sagement du reste, que, « s'il n'y avait pas d'autres griefs à leur imputer, elles ne pouvaient être dénoncées pour ce fait seulement ». Elles devaient, néanmoins, être attentivement surveillées.

Dans la séance du 12 octobre 1793, la Société arrête que le drapeau tricolore qu'elle avait offert à la garde nationale de Beaumont serait, avant d'être remis au commandant, apporté à l'église et béni par le curé de la paroisse.

Non seulement la Société populaire respectait la liberté du culte, mais elle tenait encore à ce que ses membres assistassent régulièrement aux offices. Le 7 septembre 1791, un membre dénonça quelques-uns de ses collègues, qui affectaient de ne pas assister aux offices du curé constitutionnel, en observant « qu'une telle conduite ne devait pas être celle d'un citoyen décoré du titre auguste d'*Ami de la Constitution* ». Et une motion fut faite que ces citoyens, « ainsi inconséquents à leurs principes et parjures à leurs serments », auraient à rendre compte de leur conduite à la Société, qui prendrait ensuite, à leur égard, telle mesure qu'il conviendrait.

Dans la séance suivante (10 septembre), l'auteur de cette motion la renouvelle et dénonce publiquement le citoyen Lanauve, ecclésiastique, comme étant de ceux qui affectaient de ne pas assister aux offices du curé constitutionnel. Lanauve, à qui il est demandé des explications, cherche naturellement à se disculper : « Les premières raisons qu'il a données, dit le procès-verbal, ayant été vivement combattues et repoussées, il a eu recours à des nouvelles, que la Société n'a pas jugées plus favorablement. Enfin, poussé à bout, il a ajouté que, s'il était utile au bien public qu'il assistât en surplis aux offices de la paroisse, comme il le faisait régulièrement sous le ci-devant curé, il ne s'y refuserait pas, mais qu'il était bien éloigné de le penser ainsi. » Alors, plusieurs sociétaires demandent que l'assemblée soit consultée pour savoir ce qu'il convient de faire. D'autres ajoutent que la conduite de Lanauve de ne pas assister aux offices depuis qu'ils étaient faits par un prêtre assermenté, pouvait paraître indifférente chez un simple citoyen, mais qu'elle était « très criminelle et de très mauvais exemple chez un citoyen décoré du titre auguste d'*Ami de la Constitution* ». Finalement, le président met la motion aux voix. A une très grande majorité, l'assemblée décide « que, pour l'exemple, pour l'édification publique et pour fixer l'opinion de quelques esprits faibles, il était utile et même nécessaire que le sieur Lanauve, ecclésiastique, en qualité d'*Ami de la Constitution*, assistât en surplis, comme ci-devant, aux offices de la paroisse ». Et le président, en proclamant le résultat du vote, invite le sieur Lanauve à renoncer à son opinion personnelle et à s'incliner devant le vœu de la Société. Mais Lanauve fait la sourde oreille et, prenant la parole, il répond « en termes un peu lestes, pour ne rien dire de plus, entre lesquels on remarque ceux-ci *qu'il y assisterait quand il lui plairait*, etc. », et il quitte la salle, accompagné par les murmures et les menaces de tous les membres présents. Un membre demande, alors, qu'il soit rayé sur la liste des membres de la Société, et cette motion est appuyée par la presque totalité des assistants. Un autre demande que son nom, qu'il qualifie de « profane », soit écrit sur un morceau de papier et brûlé en pleine séance. Un troisième propose que le sieur Lanauve soit dénoncé à toutes les Sociétés voisines comme « indigne de porter jamais le titre auguste d'*Ami de la Constitution* ». Il fut tout simplement (Séance du 17 septembre) rayé de la liste des membres de la Société.

Je plains ce pauvre Lanauve qui, par ce temps de liberté, n'était pas libre de vivre conformément à ses convictions. Décidément, les néo-catholiques ou catholiques constitutionnels n'étaient pas moins sectaires que ceux qu'ils remplaçaient : extrêmement rares étaient les croyants convaincus qui consentaient à vivre en paix avec ceux qui ne partageaient pas leurs convictions. En matière religieuse, la tolérance, alors comme aujourd'hui, était une vertu toute théorique !

La Société populaire prenait, en toutes circonstances, la défense des curés assermentés. Par contre, elle surveillait avec soin les agissements des prêtres réfractaires, non pas par haine de la religion, mais parce qu'elle exigeait le respect des lois. Un jour, c'était en septembre 1791, un prêtre étranger (on ne le nomme pas) s'était permis d'administrer les derniers sacrements à une personne, morte dans la paroisse de Beaumont. A ce sujet, dans la séance du 29 septembre, un membre ayant obtenu la parole, demanda à l'assemblée ce qu'elle pensait de cet acte, qu'il considérait, lui, comme illicite, et si elle l'autorisait à le dénoncer à la municipalité. Le président, qui était ce jour-là Delpit père, répondit que « quant aux confessions, chacun était libre de s'adresser à un prêtre quelconque; que, pour les autres sacrements, dont l'administration est une fonction publique, nul ne pouvait le faire dans une autre paroisse que ceux à qui le soin en était confié, ou bien avec leur consentement». En conséquence, si on avait vu, comme on le prétendait, un prêtre en surplis et en étole porter à la personne en question «le saint viatique de la communauté»,

FIG. 12.

Le citoyen Pierre Delpit,
président de la Société en septembre 1791.

ce prêtre était dénonçable à la municipalité. Mais la Société populaire, elle, n'avait à intervenir en aucune façon.

A propos du saint viatique, la Société des *Amis de la Constitution* tenait absolument à ce que le prêtre qui le portait aux malades fût partout entouré du plus grand respect. Dans la séance du 4 octobre 1791, à la suite de quelques incidents regrettables survenus dans la commune de Beaumont, un membre de la Société observa « qu'il se passait des choses très scandaleuses lorsqu'on portait le saint viatique » et il fit la motion que, « pour inspirer le respect qui est dû au Saint-Sacrement, il fût

FIG. 13.

L'abbé Lacoste, curé de Beaumont,
président de la Société populaire en 1793 et 1794.

fait une pétition à la municipalité pour qu'elle autorisât les citoyens soldats de la garde nationale à accompagner sous les armes le Saint-Sacrement toutes les fois qu'il sortirait ». Cette proposition vint en discussion dans la séance suivante. Il fut délibéré que, dorénavant, quatre fusiliers de la garde nationale, en armes, escorteraient le Saint-Sacrement lorsqu'il serait porté aux malades, à la condition toutefois que la municipalité y donnât son approbation. Et, à cet effet, deux commissaires furent nommés séance tenante pour aller présenter ce vœu aux officiers municipaux.

Dans les derniers mois de 1793, la question religieuse passa au second plan dans les préoccupations de la Société populaire. A Beaumont, comme ailleurs, le culte fut à peu près abandonné. Le curé Lacoste, tout entier à la politique, fit à son église des visites de plus en plus rares et la population l'imita : la vieille église gothique fut bientôt déserte. Finalement, Michel Lacoste, en pleine séance de la Société populaire, abdiqua l'état de prêtre et renonça à ses fonctions ecclésiastiques.

C'était le 2 décembre 1793. Michel Lacoste présidait. Dans l'assemblée, fort nombreuse ce jour-là, se trouvait un autre prêtre, M. Guibert, curé de Bannes, lequel sans hésitation, en mars 1791, avait prêté dans son église le serment prescrit par la loi. Assistait aussi à la séance le sieur Delpit Lafond, frère de Jacques Delpit, ancien curé de Beaumont, le prédécesseur immédiat de Michel Lacoste.

FIG. 14.

Michel Lacoste, curé de Beaumont.

Après lecture et approbation du procès-verbal de la dernière séance, le curé Lacoste se fait remplacer au fauteuil de la présidence et demande la parole. L'ayant obtenue, il se lève et solennellement, dans un langage sobre mais énergique, qui impressionne vivement l'auditoire, il « manifeste

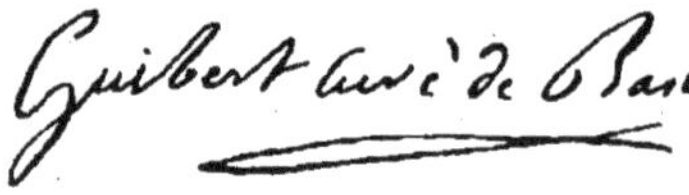

FIG. 15.

Jean Guibert, curé de Bannes.

de la manière la plus forte toute la haine qu'il ressentait contre les prêtres qui ont fait de tout temps le malheur de la France ; il témoigne ensuite le regret qu'il avait d'être entré dans un ci-devant corps qui, par ses intrigues, méritait d'être anéanti », et pour donner à l'assemblée qui l'écoute une preuve manifeste de la sincérité de sa déclaration, il dépose sur le bureau ses lettres de prêtrise, en annonçant qu'il « abdiquait l'état de prêtre et toute espèce de fonctions ecclésiastiques».

Et Lacoste va reprendre sa place au fauteuil de la présidence. On comprend l'émotion profonde que soulevèrent ces paroles.

Mais ce n'était pas fini.

Après le curé Lacoste, le curé Guibert, de Bannes, se lève. Avec la même solennité, il déclare qu'il « entrait dans les bons sentiments » de son collègue le curé de Beaumont et, à son tour, il remet au président ses lettres de prêtrise, en annonçant qu'il cesse, lui aussi, à partir d'aujourd'hui, toutes ses fonctions ecclésiastiques.

Et ce n'est pas encore tout.

A l'instant où le curé Guibert achevait sa harangue, le citoyen Delpit Lafond demande la parole et, après l'avoir obtenue, il déclare que « bien que son frère, le curé de Beaumont décédé, ne fût plus » (*sic*), il croyait entrer dans ses vues en déposant sur le bureau ses lettres de prêtrise, pour subir le même sort que celles des curés actuels de Beaumont et de Bannes.

L'émotion est à son comble. L'assemblée tout entière, avec un enthousiasme que l'on comprendra si l'on songe qu'elle était maintenant profondément antireligieuse, témoigne par de longs applaudissements à ces trois citoyens « combien elle ressentait de plaisir à leur dévouement à la chose publique ». Et, à l'unanimité, elle arrête qu'une « *mention honorable* » leur serait décernée et inscrite au procès-verbal.

Voilà donc sur le bureau du président trois lettres de prêtrise : deux lettres de prêtrise de deux curés actuellement en fonctions et une lettre de prêtrise d'un curé mort. Qu'est-ce qu'on va en faire? A la demande de l'un des membres de l'assemblée (le procès-verbal de la séance ne donne pas son nom), l'assemblée arrête que ces trois lettres seront renvoyées à l'administration du district pour y être brûlées et, l'incident clos (elle le croyait tout au moins), elle se donne rendez-vous pour le lendemain.

Cette séance du lendemain lui réservait une dernière scène,

tout aussi émotionnante, plus dramatique peut-être, que celle à laquelle elle venait d'assister.

Donc, le lendemain 13 frimaire an II (4 décembre 1793), les *Amis de la Constitution* se réunirent de nouveau dans le local ordinaire de leurs séances, qui était la chapelle du couvent. C'est encore le curé Lacoste qui préside. Une foule nombreuse se presse dans la salle et dans la tribune et quand fut terminée la lecture du procès-verbal de la séance de la veille, portant que, par décision de l'assemblée, les lettres de prêtrise déposées sur le bureau seraient envoyées à l'administration du district, un membre (le procès-verbal de la séance tait encore son nom) se met à protester énergiquement en exposant qu'il serait « *plus glorieux* » (sic) pour la Société de les faire brûler ici même en séance publique, et il ajoutait que « toutes les Sociétés populaires avaient joui de ce spectacle digne de nos jours, comme un fruit de leurs travaux à dévoiler et anéantir le fanatisme, ce *monstre* qui, depuis son origine jusqu'à nos jours, ne s'était nourri que des dépouilles et du sang des trop crédules humains ». Voilà un son de cloche qui aurait fait bondir d'indignation les sociétaires, encore très croyants et très pratiquants de 1791. Et aujourd'hui les sociétaires de 1793 — les *Montagnards* maintenant — applaudissent et approuvent à la presque unanimité. Les temps sont bien changés !

Malgré quelque opposition, peu sérieuse du reste, l'assemblée, acceptant cette motion, n'hésite pas : elle rapporte, comme on le lui demandait, son arrêté de la veille et décide que lesdites lettres seront brûlées séance tenante au milieu de la salle.

On voit encore la scène :

Sur l'ordre du président, un valet de ville apporte un réchaud avec du bois ou du charbon, qu'il allume. Et quand la flamme paraît, le curé Lacoste, solennellement (tout se faisait solennellement à cette époque) y jette une à une ses lettres de prêtrise à lui, les lettres de prêtrise de son collègue Guibert et celles du curé décédé Jacques Delpit.

Et au moment où les lettres du curé Delpit jettent leur dernière lueur, le citoyen Labarrière[1], instituteur latiniste de la localité, qui « dès son jeune âge avait été initié *aux premières espiègleries du sacerdoce* » (sic) et était allé jusqu'aux ordres mineurs, veut, de son côté « participer à la fête » et, cédant à l'entraînement général, il dépose sur le bureau ses lettres de tonsure. Le président Lacoste, incontinent, les jette dans le réchaud où, comme les précédentes, elles deviennent « la proie des flammes ». Le sacrifice est consommé et toute la salle éclate

FIG. 16.

Le citoyen Labarrière, instituteur latiniste,
secrétaire greffier de la municipalité.

en applaudissements. De ces lettres de prêtrise et de tonsure, autrefois si précieuses et si respectées, il ne reste plus maintenant qu'un peu de cendre, que le valet de ville emporte avec le réchaud et jette aux vents.

Et, en manière de conclusion, l'assemblée arrête qu'une copie du procès-verbal de cette séance, ainsi que de celle de la veille, sera délivrée aux ex-curés de Beaumont et de Bannes — et probablement aussi à l'ex-tonsuré Labarrière — « pour leur servir de *titre authentique de leur abjuration républicaine* ».

---

1. Jean Baptiste LABARRIÈRE, qui a joué dans notre vie municipale, de 1789 à 1793, un rôle des plus actifs, était un élève du séminaire, où il avait poursuivi ses études jusqu'aux ordres mineurs. Puis, il avait abandonné la carrière ecclésiastique pour se consacrer à l'enseignement et était venu à Beaumont comme *instituteur latiniste* : il ajoutait parfois à son titre d'instituteur celui de *professeur de belles-lettres*. Aux premières élections municipales de février 1790, les électeurs lui confièrent le secrétariat de la municipalité, poste important qu'il remplit avec beaucoup de talent et qu'il conserva jusqu'au mois de juin 1793, où il fut révoqué et remplacé par Étienne Robert. Aux élections précédentes (1792), il avait été nommé, le troisième sur la liste, officier municipal. Labarrière appartenait au parti révolutionnaire avancé : il fut en lutte continuelle avec les modérés et les royalistes.

Rappelons ici que, dans le canton de Beaumont, un autre curé envoya au district ses lettres de prêtrise, renonçant ainsi, comme Lacoste et Guibert, à ses fonctions ecclésiastiques : c'est Louis Lantourne, curé de Nojals[1].

Ai-je besoin d'ajouter que cette abjuration des curés de Beaumont, de Bannes et de Nojals n'est pas un fait isolé. L'histoire de la Convention nous en fournit de nombreux exemples. C'est ainsi qu'à Paris l'évêque Gobel abdiqua ses fonctions avec onze de ses vicaires et, après avoir déposé sa croix et son anneau, mit sur sa tête un bonnet rouge. A Paris encore, la plupart des membres de la Convention qui appartenaient au clergé abjurèrent. En province, nous enregistrons des abjurations semblables sur presque tous les points du territoire. A Rochefort, notamment, dans l'église paroissiale transformée en temple de la Raison, huit prêtres catholiques et un pasteur protestant vinrent, en grande cérémonie, « se déprêtriser », etc., etc., exactement comme l'avaient fait chez nous, dans l'ancienne chapelle du couvent, devenue depuis peu la salle de séances de la Société populaire, le curé Lacoste et le curé Guibert.

Dans le département de la Dordogne, les abjurations furent nombreuses. C'est l'évêque Pontard qui pour ainsi dire donna le signal. Le 25 brumaire an II, il se présenta devant le directoire du département, accompagné de son épouse, et prononça cette allocution, courte mais significative :

« Abjurant le fanatisme, j'ai foulé les préjugés. Esclave de la tyrannie sacerdotale, j'ai brisé mes liens : je me suis marié ; je rentre dans les droits de l'homme libre. Une épouse jeune et tendre, pétrie de patriotisme, entretiendra mes vertus républicaines, me soutiendra dans les fatigues nouvelles que je vais essuyer. Dès demain, accompagné de quelques prêtres et ci-

---

1. Louis Joseph Lantourne, ancien vicaire de Labouquerie, appelé à la cure de Nojals en 1751, en remplacement de M. Georges Eymard de Selves. Originaire de Born de Champs, Louis Joseph Lantourne était le frère : 1º d'Arnaud Lantourne, avocat en parlement, habitant Born-Haut ; 2º de Joseph Lantourne, curé de Sainte Sabine ; 3º de Louis Lantourne, curé de Naresse, en Agenais.

devant vicaires de l'évêque, qui se sont élevés à la hauteur de la Révolution, je viendrai dans votre sein renoncer à un état qui flétrit mon existence. En attendant, je vous présente mon épouse. »

A cette allocution le président répondit :

« Citoyen, nous n'avons jamais douté de ton patriotisme. Ton âme, qui nous était connue, nous présageait de loin ce que tu viens de faire. Approche, nous allons, ainsi qu'à ton épouse, vous donner l'accolade fraternelle. »

Et le lendemain, dans une réunion solennelle du directoire, l'évêque constitutionnel Pontard vint déclarer qu'il renonçait « à tout ce qui tient du ministère sacerdotal [1] ».

Venant de si haut, l'exemple donné par l'évêque fut suivi immédiatement par six vicaires généraux et par de nombreux prêtres appartenant au clergé paroissial. Dans les *Archives départementales de la Dordogne*, du 25 brumaire de l'an II au 13 floréal suivant, j'ai relevé les noms de cinquante-sept prêtres qui, sous les formules diverses de *renonciation au métier de prêtre*, de *renonciation aux fonctions sacerdotales*, d'*abjuration*, de *déprêtrisation*, etc., ont abjuré et renoncé à toutes fonctions ecclésiastiques.

M. R. de Boysson, en se basant probablement sur les données fournies par les registres des délibérations du directoire du département, estime à une soixantaine environ le nombre des abjurations en Dordogne (*loc. cit.*, p. 48). Je crois que ce chiffre est bien au-dessous de la vérité. J'ai trouvé aux *Archives départementales* (Série Q-278) une lettre du district, en date du 26 pluviôse an II, envoyant au département, sur sa demande, un *Tableau général contenant les noms des curés, vicaires et autres prêtres de toutes les dénominations quelconques, qui ont remis leurs lettres de Bêtise* (sic) *au comité révolutionnaire du district de Belvès par l'administration dudit district, en conformité de la lettre du département du 23 pluviôse, 2e année républicaine :*

---

1. R. DE BOYSSON, *Le Clergé périgourdin pendant la persécution révolutionnaire*, Paris, 1907, p. 196.

or, ce tableau contient les noms de quarante prêtres, dont trente-six curés et quatre religieux. Si le seul district de Belvès compte quarante abjurations, il est peu probable que le chiffre total des abjurations en Dordogne ne soit que de soixante, ce qui ferait vingt abjurations seulement pour les huit autres districts.

Après sa « déprêtrisation », Lacoste, le « ci-devant curé Lacoste » comme on l'appelle dans les procès-verbaux de la Société, n'en continua pas moins à résider à Beaumont et à présider la *Société de la Montagne*. Mais il n'y est plus question ni de religion ni de culte : on ne saurait s'occuper que de ce qui existe. Sans doute, au culte catholique se substituèrent, à Beaumont comme dans bien des localités, le *culte de la Raison* et le *culte de l'Être suprême*. Mais les procès-verbaux des séances de la Société populaire s'arrêtent, pour nous, au 17 frimaire de l'an II, et nous ne savons rien, absolument rien, du rôle que jouèrent les *Montagnards* de Beaumont durant cette période de l'histoire religieuse de la Révolution.

IV

LA SOCIÉTÉ POPULAIRE ET LA DÉFENSE NATIONALE

On sait l'aide précieuse que les Sociétés populaires, par l'exaltation de leur foi républicaine, non moins que par leur puissante organisation, apportèrent à la Convention pour la levée et l'équipement de ses armées. « Les Sociétés populaires, écrit de Cardenal[1], ne séparaient pas la patrie de leur idéal politique. L'influence de ces Sociétés fut considérable sur la mise en action des forces du pays et l'organisation de la défense nationale. Elle s'exerça de différentes façons et on peut dire qu'au point de vue militaire, pendant les premières campagnes de la Révolution, les Sociétés populaires furent à la fois des foyers d'enthousiasme et de patriotisme, des agences de renseignements, des sociétés de secours aux soldats. »

Les *Amis de la Constitution* de Beaumont, eux aussi, eurent toujours au premier rang de leurs préoccupations l'organisation de l'armée et la défense du territoire. Toutes les fois que nos municipalités eurent à s'occuper des questions militaires : mise sur pied de la garde nationale, enrôlement des volontaires, recrutement des conscrits, réquisition des subsistances pour les armées en campagne, etc., elles trouvèrent toujours chez eux un concours aussi actif que dévoué. Elles n'eurent pas de meilleurs auxiliaires.

---

1. De Cardenal, *Recrutement de l'armée en Périgord pendant la période révolutionnaire*, Périgueux, 1911.

Dès le mois de juillet 1791, dans une séance présidée par l'abbé Delpit, un des plus jeunes membres de la Société demande qu'un registre soit ouvert au secrétariat, pour recevoir l'inscription des patriotes qui « volontairement se voueraient à la défense de la patrie ».

De tout temps, la Société populaire fut regardée, plus encore que la municipalité, comme spécialement désignée pour exécuter les mesures intéressant la défense nationale. Le 26 pluviôse an II, le Comité de salut public de Belvès invite les *Amis de la Constitution* de Beaumont à désigner deux citoyens robustes, intelligents, accoutumés au travail, âgés de 25 à 30 ans et pris, si possible, dans la compagnie des canonniers, pour se rendre, le 30 du courant, au chef-lieu du district et, de là, partir à Paris pour y être instruits « dans l'art de raffiner le salpêtre [1], de fabriquer la poudre, de mouler, fondre et forer les canons ». L'assemblée, après de nombreuses recherches, désigna le citoyen Bertrand Bourgès et le citoyen Parpaliol cultivateurs, tous les deux habitants de la présente commune.

Quatre mois plus tard, le 23 prairial, l'administration du district demanda de même, à la Société populaire de Beaumont, de lui désigner deux jeunes gens qui seraient envoyés à Paris, aux frais de la République, « pour y recevoir une éducation républicaine, y apprendre les principes de l'art de la guerre, les fortifications de campagne, l'administration militaire, et être exercés au maniement des armes, aux manœuvres de l'infanterie, de la cavalerie et de l'artillerie ». Pour pouvoir être désignés, plusieurs conditions étaient requises, savoir : être bien constitués, robustes, intelligents, d'un civisme reconnu et d'une bonne conduite constante ; avoir 16 ans révolus et moins de 17 ans et demi ; être enfants de sans-culottes, parents de défenseurs de la patrie servant dans les armées de la République et, de préférence, de militaires tués ou blessés. Ces jeunes citoyens seraient armés, équipés,

---

1. Rappelons, en passant, que le canton de Beaumont, pendant la Révolution, eut au moins deux fabriques de salpêtre, l'une à Beaumont même, l'autre à Born de Champs.

campés, nourris et entretenus aux frais de la République. Ils devaient être rendus à Belvès le 1er messidor, d'où ils seraient dirigés immédiatement sur Paris pour y jouir aussitôt « de l'avantage et honorable destination » à laquelle les appelait la République. Nous voyons, de même, la Société populaire de Montignac[1] nommer, parmi ses membres, une commission chargée de désigner les jeunes citoyens de la commune susceptibles de suivre les cours de l'école militaire, appelée École de Mars[2].

Quand le citoyen Servantie fut envoyé à Beaumont par le département de la Dordogne pour activer la levée des jeunes gens de 25 à 35 ans, il s'adressa, non à la municipalité, mais à la Société populaire. Le 1er frimaire an II, il se présenta à la séance et y prononça, dit le procès-verbal, « un discours énergique, dans lequel il représentait à la jeunesse l'honneur de combattre pour la Liberté et les peines et l'infamie qu'encourraient les lâches qui tâcheraient de se soustraire à la réquisition ». Puis, il invita l'assemblée à concourir, avec lui et les autres commissaires, à la mission dont ils étaient chargés. Ce concours, les *Amis de la Constitution* le lui prêtèrent tout entier et avec le plus grand empressement.

Quelques jours après la promulgation de la loi du 24 février, qui ordonnait la levée des 300.000 hommes, le 6 mars 1793, les *Amis de la Constitution* étant assemblés dans le local ordinaire de leurs séances, sous la présidence du citoyen Labarrière, le citoyen Lacoste, curé de la paroisse de Beaumont, demande la parole pour une proposition. L'ayant obtenue, il rappelle, tout d'abord, la situation pénible de nos soldats sur la frontière : leurs fatigues, leurs souffrances, leurs privations. Il exalte ensuite les sentiments généreux des sociétés patriotiques de la République qui, avec un empressement louable, ne cessent de « secourir ces braves défenseurs de notre Liberté ». Et il demande

---

1. Le Roy, *La Société populaire de Montignac pendant la Révolution*; et de Cardenal *(loc. cit.)*, p. 318.

2. École militaire créée à Paris le 13 prairial an II et destinée aux enfants du peuple. Elle fut dissoute cinq mois plus tard, le 4 brumaire au III. Les élèves allèrent apprendre à faire la guerre sur les champs de bataille.

alors, qu'à l'exemple de ces sociétés, celle de Beaumont ouvre un registre de souscription sur lequel seraient inscrites les offrandes des citoyens composant la Société, qui voudraient donner des marques réelles de leur civisme. Il demande, en outre, qu'il soit nommé des commissaires, qui se transporteraient chez tous les citoyens du canton de Beaumont indistinctement, pour les inviter à concourir, avec la Société, à cette « offrande civique ». La proposition du curé citoyen Lacoste est acceptée à l'unanimité et, séance tenante, le président, « à qui la Société en a déféré le choix », désigne comme commissaires les citoyens Loiseau, juge de paix, Lacoste, Bessot et Randonnier. Loiseau, à qui ses fonctions judiciaires ne permettent pas d'accepter une pareille charge, est remplacé dans la commission par le citoyen Pierre Colin.

Le curé Lacoste, « voulant donner à ses frères des preuves manifestes du civisme qui l'anime, a accompagné et terminé sa proposition » par une offrande d'un assignat de 5 livres, en exprimant tous ses regrets que sa situation de fortune ne lui permît pas de faire davantage. Avec une spontanéité touchante, le portier de la Société populaire, « jaloux de partager les bienfaits de la Société » *(sic)*, s'inscrit pour 10 sols et, incontinent, il dépose cette somme sur le bureau du président, en s'écriant qu'il est volontaire pour la levée des 300.000 hommes et qu'il attend impatiemment l'heure de partir.

En fin de séance, la Société arrête qu'il sera fait par le président, qui est Labarrière, une *Adresse* aux citoyens du canton pour les inviter à seconder le zèle des commissaires et à consentir, en faveur des braves défenseurs de la Liberté originaires de notre canton, des sacrifices dignes des républicains français; que cette adresse sera affichée dans toutes les communes du canton et qu'il sera fait « mention honorable » des citoyens qui donneraient, par leurs offres, des preuves de leur civisme ».

Dès le soir, Labarrière se mit à l'œuvre.

Le lendemain, il donna lecture de son adresse aux membres du bureau de la Société populaire et, après l'avoir fait approuver, il la transcrivit lui-même sur le registre des délibérations de la Société. Cette adresse, dans le fond comme dans la forme, n'est pas banale et mérite d'être reproduite :

Adresse des « Amis de la Liberté et de l'Égalité » de Beaumont aux citoyens et citoyennes du canton.

« CITOYENS,

» Lorsque vos frères d'armes bravent la rigueur des saisons, l'intempérie de l'air et la mort pour affermir votre Liberté naissante, que des tyrans coalisés veulent vous ravir, seriez-vous insensibles à leur sort ! Des esclaves mercenaires voudraient vous arracher le spectre de l'indépendance, que vos braves concitoyens vous ont acquis au prix de leur sang. Mais leurs efforts, jusqu'à ce jour, sont devenus impuissants et la vigilance française a déjoué les desseins affreux des perfides.

» De nombreuses cohortes avaient déjà envahi une partie de notre territoire. Mais, au sacré nom de la Liberté, les hommes du 14 juillet les ont repoussées et dispersées. Un autre tyran vient de se joindre à la horde coalisée. Tant mieux : c'est une occasion de plus pour signaler la valeur française; c'est une victoire de plus à remporter. Les mers sont déjà couvertes de nos vaisseaux. L'airain gronde de toutes parts, et le pavillon tricolore va être arboré sur un autre hémisphère.

» Les trônes sont renversés, les sceptres brisés, le règne des tyrans est passé. La France est une République : ses habitants ne forment plus qu'une famille et son sol qu'un camp redoutable. Les chaînes du despotisme sont rompues. Le joug qui était appesanti sur vos têtes est réduit en poudre. Vous êtes libres : vos biens sont affranchis, les privilèges anéantis. La vertu et les talents peuvent seuls vous tirer du niveau du reste des hommes. Ce n'est qu'à ce prix que vous pouvez les surpasser. Un rayon bienfaisant de lumière a rendu à son premier éclat cette pierre précieuse foulée aux pieds, ensevelie depuis plusieurs siècles dans l'oubli, dans les plus profondes ténèbres. L'aurore de la Liberté et de l'Égalité commence à luire sur notre République et, tranquilles dans vos foyers, vous commencez d'en goûter les prémices.

» Si chacun de vous, citoyens, se sent ému des sentiments de la plus intime reconnaissance pour l'auteur de ses jours, ne serait-il pas le comble de l'ingratitude d'oublier vos libérateurs ? Si vous devez le jour à ceux-là, vous devez à ceux-ci votre Liberté, bien qui est plus précieux que la vie. Car, vivre sans être libre, c'est être esclave; vivre dans l'esclavage, c'est être dans le néant.

» Ces libérateurs, ce sont vos amis, vos frères, vos époux, vos fils. Si vos propriétés sont respectées, si vous jouissez tranquillement du fruit de vos travaux, si vos greniers regorgent de grains, si un soldat inhumain n'a point ravagé vos fertiles campagnes, si son fer n'est pas rougi du sang de ceux que vous chérissez le plus, songez que ce sont les peines et les fatigues de ces braves défenseurs qui vous procurent cette tranquillité. Songez que c'est au prix de leur sang que vous jouissez de cette aisance qui fait votre félicité.

» Riches, partagez avec eux le superflu de vos revenus, qui seraient déjà la proie d'un soldat étranger. Que vos trésors s'ouvrent. Que la toison de vos troupeaux garantisse de la rigueur des glaces et des neiges ceux qui empêchent l'ennemi d'y porter une main sacrilège.

» Vous, que le sort a placés dans un moindre degré de fortune; vous, dont les modiques facultés ne peuvent seconder les désirs, portez votre denier, et vous aurez donné trois fois plus que ce riche.

» Et vous, jeunes citoyennes, dont les grâces et les attraits avaient capté les cœurs de nos jeunes héros, occupez vos mains délicates d'un tissu qui, les garantissant des rigueurs du froid, conserve dans leur âme ce feu charmant qui vous animait mutuellement et qui, depuis leur départ, a été tant de fois l'objet de vos tendres soupirs. Dites-leur qu'ils ne posséderont ce gage que vous leur conservez si fidèlement que lorsqu'ils reviendront près de vous, à la fin de la campagne, mêler les lauriers qu'ils auront cueillis aux couronnes civiques que vous leur préparez : et, alors, ils compteront les journées par les victoires.

» Vous tous, sincères citoyens, vous êtes invités, au nom de la patrie, au nom sacré de la Liberté et de l'Égalité, au nom de la Société des *Amis de la Constitution* de Beaumont, de vous montrer les dignes émules des généreux républicains. Cette Société, jalouse de concourir par ses libéralités à l'équipement des soldats volontaires du département, espère de votre civisme les plus généreux sacrifices. C'est dans son sein que vous pourrez déposer vos offrandes par le moyen des commissaires chargés de se transporter devers vous et de les recevoir.

» Empressons-nous à l'envi de subvenir aux besoins pressants de nos frères, de nos vaillants défenseurs de la Liberté, qui ne quitteront les armes que lorsqu'ils auront exterminé tous les tyrans de la terre.

» LABARRIÈRE, *président.* »

Conformément aux vœux exprimés par la Société populaire, cette *Adresse* du président Labarrière fut affichée dans toutes

FIG. 17.

Le citoyen J. B. Labarrière,
président de la Société populaire en mars 1792.

les communes du canton, et le *Registre des souscriptions* promené de village en village par les commissaires Lacoste, Bessot, Randonnier et Colin.

Je n'ai pu mettre la main sur ce registre et je le regrette.

J'aime à croire que, à l'« assignat de 5 livres » du curé Lacoste et aux « 10 sous » du portier de la Société, s'ajoutèrent rapidement, en argent et en nature, de nombreuses et grosses offrandes qui, envoyées à nos braves volontaires, contribuèrent à améliorer convenablement leur situation matérielle, tout en leur apportant ce réconfort moral que, là-bas, dans ce petit coin du Périgord où ils étaient nés et vers leque s'envolaient chaque jour leurs pensées et leurs rêves..., ils n'étaient pas oubliés.

Mais les *Amis de la Constitution* ne s'intéressaient pas seulement aux troupes qui bataillaient sur les frontières. Leur pensée allait aussi à la garde nationale du canton, qu'ils entouraient de la plus vive sympathie. Ils firent tous leurs efforts, d'accord en cela avec la municipalité, pour l'organiser sur une base solide, et quand ils eurent la satisfaction de la voir sur pied, avec ses règlements et ses cadres, ils lui offrirent par souscription son premier drapeau, le drapeau tricolore. Rappelons que l'acquisition de ce drapeau fut confiée au citoyen Labarrière, alors secrétaire de la Société, le 14 octobre 1793; que Labarrière le fit confectionner à Bergerac et, le 24 octobre suivant, le présenta à la Société qui, l'ayant trouvé « fort à son gré », en fit la remise à la garde nationale de Beaumont.

Mais déjà, en 1791, à la suite de la fuite de Varennes, la Société populaire, en pleine séance, avait manifesté d'une façon touchante sa grande sollicitude pour nos gardes nationaux. La fuite de Louis XVI provoqua en Périgord, comme à Paris, comme partout ailleurs, une émotion profonde. Dans nos campagnes, on crut tout d'abord que le roi avait été enlevé par les nobles et que ces derniers allaient rentrer avec lui pour rétablir l'ancien régime et supprimer les libertés octroyées au peuple par la Constitution. Dès lors les paysans deviennent songeurs, inquiets, menaçants et, de nouveau, ils vont partir en guerre contre les nobles, contre les prêtres réfractaires, contre tous ceux qu'ils croient susceptibles de provoquer un mouvement contre-révolutionnaire. L'agitation est à peu près générale : oubliant les lois et restant sourds à la voix de leurs magistrats, ils refusent de payer l'impôt, exigent des propriétaires des renonciations à leurs droits, s'organisent en bandes, menacent de planter des mais, signes d'insurrection, et dans quelques localités, comme à Eymet et à Beaumont, vont même jusqu'à dresser des potences sur la place publique.

Cette effervescence, tout en se manifestant un peu partout dans le département, prit dans les environs de Périgueux une tournure particulièrement grave. Des désordres regrettables se produisirent dans les communes environnantes et l'on vit même une troupe nombreuse de paysans, armés de bâtons en forme de massue, pénétrer jusque dans la ville et y mettre à sac la maison d'un propriétaire.

En présence de ces événements, l'assemblée départementale mobilisa la garde nationale de Périgueux et, cette mesure ne suffisant pas, elle fit appel aux gardes nationales des autres districts. Le district de Belvès, notamment, fut requis de fournir un détachement de soixante hommes. Pour former ce détachement, il prit un arrêté portant que les municipalités de Belvès, de Beaumont, de Montpazier et de Villefranche enverraient chacune un contingent de quinze hommes, dont douze à pied et trois à cheval.

La municipalité de Beaumont reçut cet arrêté dans l'après-midi du 22 août. Le jour même, avec l'aide du commandant Carrière, elle faisait choix des quinze hommes demandés. Le lendemain matin, 23 août, ces quinze hommes quittaient Beaumont et, à huit heures, faisaient leur entrée à Belvès. Deux jours après, ils partaient pour Périgueux sous les ordres du commandant Robert.

A Périgueux, nos volontaires se firent remarquer par leur belle tenue, par leur courage, par leur endurance. Grâce à l'énergie de l'administration et à la vigilance de la garde nationale, le calme ne tarda pas à se rétablir à Périgueux et nos braves volontaires, après une campagne relativement courte, mais fort pénible, purent rentrer dans leurs foyers. La population de Beaumont leur fit une réception enthousiaste.

La Société populaire voulut, elle aussi, fêter ses gardes nationaux. Dans sa séance du 30 août 1791, sur la proposition d'un de ses membres, elle délibéra « qu'en reconnaissance de la bravoure qu'ont témoignée les gardes nationaux de Beaumont, membres de la Société, pour porter secours au département, il serait décerné une couronne civique, qui sera placée par le président sur la tête d'un chacun de ces membres qui se trouveront présents à la prochaine séance ». Et, conformément à cette décision, dans la séance du 5 septembre, l'abbé Delpit, curé de Beaumont, réunit devant le bureau les gardes nationaux qui étaient allés à Périgueux pour assurer dans cette ville et aux environs le maintien de l'ordre et, après leur avoir adressé les éloges qu'ils méritaient, il déposa sur le front de chacun d'eux une couronne civique.

Ces quelques faits, auxquels nous pourrions ajouter un grand nombre d'autres, suffisent pour nous montrer l'ardent patriotisme qui animait, dans notre petite ville, les *Amis de la Constitution*. Sincèrement acquis à la Révolution, qu'ils avaient faite et qu'ils avaient à cœur de conserver et de développer, ils firent tout ce qu'il leur était possible de faire pour donner au gouvernement une armée solide, qui pût le défendre, à l'intérieur comme à l'extérieur, contre toute tentative de restauration royaliste. Ils furent toujours, sur ce point, à la hauteur de leur tâche, et on peut dire d'eux ce que H. Labroue (*loc. cit.*, p. 41) a dit des clubistes de Bergerac : « Ils entendaient par patriotisme la volonté de défendre la souveraineté nationale contre les oppresseurs du dedans aussi bien que contre ceux du dehors ; ils étaient jaloux de leurs libertés naissantes autant que de leur patriotisme territorial ; la Révolution et la France ne faisaient qu'un dans leur esprit. »

V

RELATIONS DE LA SOCIÉTÉ POPULAIRE
AVEC LA MUNICIPALITÉ

La Société populaire, de par sa nature, était en relations constantes avec la municipalité. Disons tout de suite que ces relations furent toujours, non seulement correctes, mais encore empreintes d'une grande cordialité. Pouvait-il en être autrement entre deux groupements politiques qui se recrutaient dans le même milieu et qui, ayant les mêmes aspirations, poursuivaient le même but? Les *Amis de la Constitution* ne prenaient d'ordinaire aucune décision sans en référer aux officiers municipaux et ceux-ci, généralement, montraient le plus grand empressement à leur être agréables, en accueillant favorablement toutes les pétitions, écrites ou verbales, qui leur étaient présentées. Un jour, un membre de la Société, à propos de je ne sais quelle affaire, proposa d'envoyer à la municipalité une pétition écrite. Le président l'arrêta en lui faisant remarquer que la pétition était tout à fait inutile et qu'« il suffirait de *prévenir* la municipalité pour qu'elle s'en occupât ».

Quand la Société populaire crut devoir violer le secret des correspondances, elle « délégua son président » auprès de la municipalité, pour lui demander de nommer elle-même deux commissaires qui auraient la mission d'ouvrir les lettres adressées aux particuliers.

Quand elle arrêta qu'il serait chanté un *Te Deum* pour célébrer la victoire sur les Vendéens, elle ajouta dans sa délibération : avec « le consentement, toutefois, de la municipalité ».

Quand, le 25 juin 1791, s'éleva un conflit entre la garde nationale de Beaumont et celle de Naussannes, la Société populaire, au lieu d'intervenir directement, demanda à la municipalité de Beaumont de régler elle-même le différend survenu entre les deux communes.

Dans les affaires de police, dans certains conflits entre citoyens, dans les incidents d'ordre politique ou autres menaçant de troubler la tranquillité publique, il n'était pas rare de voir la Société populaire et la municipalité unir leurs efforts pour arriver à une solution satisfaisante. C'est ce qui eut lieu dans bien des circonstances et, notamment, à propos de cette singulière affaire des *femmes inconstitutionnelles*.

En 1791, un certain nombre de femmes de Beaumont, que les bienfaits de la Révolution n'avaient pas encore sérieusement séduites, tenaient, au sujet de la Constitution, des propos qui n'étaient pas précisément très flatteurs pour elle, des propos « inciviques », comme on disait alors. Or, un beau jour, quelques jeunes patriotes, « patriotes un peu outrés », dit le procès-verbal, se saisirent de ces femmes, les hissèrent sur des ânes et les promenèrent ainsi dans toutes les rues de la ville. Une pareille exhibition fut peut-être très réjouissante pour une population ouvrière qui n'avait que de très rares distractions et qui ne détestait pas de rire aux dépens des autres. Mais, à coup sûr, elle ne fut pas du goût de tout le monde, du goût notamment de ces pauvres femmes qui se voyaient ainsi montées sur des ânes et exhibées processionnellement à travers la ville avec, dans le dos ou sur la poitrine, un grand écriteau portant le mot, très grave alors, de « INCONSTITUTIONNELLES ».

La Société populaire, la première, s'en émut et, le 2 juillet, dès l'ouverture de la séance, il fut présenté « diverses considérations sur la nécessité et le moyen de réprimer quelques licences que s'étaient permises certains jeunes gens patriotes », etc. La Société, considérant que « cette petite effervescence » pourrait s'accroître et finir par diviser les citoyens, fomenter des discussions et occasionner des désordres, arrêta qu'il sera fait une pétition à la municipalité pour lui dénoncer les faits et lui demander de prendre les mesures nécessitées par les circonstances. Et, séance tenante, quatre membres de la Société sont dépêchés auprès de chacun des officiers municipaux avec mission de les prier de se rendre au siège de la Société pour conférer au sujet de cette affaire. Les officiers municipaux, avec un empressement louable, se transportent au local de la Société populaire, où ils sont fort aimablement accueillis. Le président, qui était alors le curé Delpit, les invite « à prendre une place distinguée » dans l'assemblée et leur exprime le vœu de la Société. Les officiers municipaux paraissent « prendre le tout en considération » et promettent de se réunir au plus tôt pour s'occuper de cette question. Le président les remercie et ils se retirent.

Le jour même, 2 juillet, conformément à leur promesse, le maire et les officiers municipaux s'assemblent à l'hôtel commun et, après délibération, prennent l'arrêté suivant :

Les maire et officiers municipaux de la ville et banlieue de Beaumont, sur la pétition verbale à eux faite par la Société des *Amis de la Constitution* de ladite ville concernant certains projets qu'on dit devoir être exécutés demain contre quelques individus des deux sexes pour des propos et démarches inconstitutionnels :

Considérant les événements qui pourraient en résulter, ladite municipalité, sans entendre rien couvrir aux recherches et perquisitions dévolues à ce sujet à l'accusateur public ;

Fait inhibition et défense à toutes personnes quelconques de faire aucune entreprise contre la liberté des personnes ;

Fait pareille inhibition et défense de tenir des propos inconstitutionnels et de se montrer contraire à l'exécution des décrets de l'Assemblée nationale ;

Invite surtout les maris de rappeler à leur devoir leurs femmes inconstitutionnelles, aux peines prescrites par la loi ;

Ordonne que les présentes seront affichées es lieux accoutumés.

Fait et arrêté à Beaumont, le 2 juillet 1791.

LOISEAU, *maire*.

BLANCHARD, *off. mpl.*   LACOSTE, *off. mpl.*

LABARRIÈRE, *secrétaire*.

La présente délibération est envoyée aussitôt, par les soins de Labarrière, aux *Amis de la Constitution*.

Le lendemain, quand le curé Delpit eut donné lecture de l'arrêté de la municipalité, un membre de la Société, prenant la parole, prétend que cet arrêté, semblant donner à quelques femmes inconstitutionnelles l'espoir de l'impunité de quelque manière qu'elles se comportent, ne fera que les enhardir et provoquer leur loquacité. Il demande, en conséquence, qu'on prenne des moyens propres à leur imposer silence.

On lui fait observer que ce moyen de faire taire les femmes est difficile à trouver, qu'une puissance surhumaine ne pourrait y parvenir « qu'en changeant par un miracle leur faculté naturelle ».

On ajoute qu'il faut s'en rapporter à la municipalité du soin de prendre les sanctions qui conviennent contre celles qui donneraient des preuves d'« un civisme trop scandaleux ».

Un autre membre demande alors la parole et il y va, lui aussi, de son petit discours : il se plaint qu'un membre de la Société, sans qualité aucune pour s'ingérer dans les affaires de la police, se soit opposé à ce qu'il appelle « une cérémonie dictée par le plus pur patriotisme » et qui, à son avis, était « des plus propres à ramener aux bons principes les gens les plus inconstitutionnels par le ridicule qu'il leur donnait ».

Prenant à son tour la parole, le membre ainsi pris à partie proteste de la pureté de ses intentions et il ajoute qu'il n'a agi ainsi que pour empêcher des désordres qu'on eût eu ensuite à regretter. La Société lui donne raison et la motion déposée contre l'arrêté municipal est rejetée.

C'est surtout dans la question des subsistances qu'une collaboration étroite réunit la Société populaire et la municipalité. Pour le recensement et la réquisition des grains, pour leur répartition équitable entre les « communes et les individus, pour l'approvisionnement des marchés, pour la répression de la fraude dans les déclarations des récoltes, dans la lutte contre les accapareurs, etc., les *Amis de la Constitution* de Beaumont se trouvent toujours aux côtés des officiers municipaux ou de leurs commissaires, les aidant de leur influence et de leurs conseils : la municipalité n'eut jamais de meilleurs auxiliaires.

Dans une circonstance seulement, les *Amis de la Constitu-*

tion faillirent « se brouiller » avec la municipalité. C'est en septembre 1791. Un certain nombre de gardes nationaux, on n'a jamais su pourquoi, avaient construit une potence et, précédés d'un tambour, étaient venus la dresser sur la Place Publique, en face de la maison où la Société populaire tenait ses séances. Ces gardes nationaux, disons-le tout de suite, avaient agi à titre individuel, sans mandat aucun, soit de la garde nationale, soit de la municipalité. Les officiers municipaux, qui en furent vite informés, se réunirent d'urgence à l'hôtel commun et, après avoir déclaré que la potence en question avait été dressée à l'insu de la municipalité, ils ordonnèrent de l'enlever. Les *Amis de la Constitution*, racontant les choses à leur manière, disent dans leurs procès-verbaux qu'un certain nombre de citoyens « avaient érigé un poteau au milieu de la place pour y suspendre un réverbère pour la commodité des *Amis de la Constitution*, dans le temps où ils tiendraient ses séances ». Mais personne à Beaumont ne se laissa prendre à cette explication qui peut-être était intéressée, mais qui, à coup sûr, était par trop fantaisiste. Un poteau n'est pas une potence, et puis, quand on veut dresser un simple poteau destiné à supporter une lanterne, on ne se fait pas accompagner par un tambour. C'était bel et bien, non pas un « *poteau boute-feu* », pour employer l'expression des *Amis de la Constitution*, mais une vraie potence avec sa signification bien caractéristique alors à l'adresse des aristocrates de la ville et des environs.

La Société populaire qui, en somme, ne se faisait pas d'illusion sur le bien-fondé de l'explication qu'elle avait donnée, fit des excuses et, dans sa séance du 20 septembre 1791, elle décida elle-même que le « poteau boute-feu serait arraché ».

Quelque déférence qu'eût la Société populaire pour la municipalité, elle tenait absolument à ce que les pétitions qu'elle lui envoyait fussent prises en considération; et, quand la municipalité se montrait à son égard tant soit peu revêche ou simplement négligente, elle n'hésitait pas à lui adresser une lettre pressante, impérieuse ou même parfois quelque peu menaçante. Le 27 brumaire an II, un membre de la Société, en séance publique, exposa que la municipalité « négligeait absolument l'exécution des lois, surtout de celles relatives aux subsistances, aux secours accordés aux parents des volontaires, à la levée des chevaux pour les armées de la République et au partage des biens des émigrés ». En conséquence, il fit la motion que la Société des *Amis de la Constitution* « invitât fraternellement les officiers municipaux à apporter à l'avenir plus de zèle dans leurs fonctions; que, si au mépris de leur invitation, elle persistait dans sa négligence, elle fût dénoncée aux représentants du peuple ». La motion fut adoptée à l'unanimité des membres présents et les citoyens Latour et Labarrière furent commis pour se transporter devers la municipalité et l'inviter à seconder, par plus d'exactitude, les vues fraternelles de la Société.

VI

RELATIONS DES AMIS DE LA CONSTITUTION
DE BEAUMONT
AVEC LES SOCIÉTÉS POPULAIRES DES ENVIRONS

En parcourant les procès-verbaux des séances de la Société populaire de Beaumont, nous apprenons qu'elle entra en relations avec plusieurs Sociétés de la région, notamment avec celles de Bergerac, de Belvès[1], de Périgueux, de Couze[2], de Montpazier[3] et de Bordeaux.

Dès le 17 mars 1791, six semaines à peine après sa fondation, la Société des *Amis de la Constitution* de Beaumont songea à « s'affilier avec les différents clubs du royaume » et, trois jours plus tard, elle entra en correspondance avec les clubs de Bordeaux, de Bergerac et Belvès, en leur envoyant, avec une lettre, le « Tableau des vexations commises par le s[r] Paty du Rayet » dressé par un de ses membres. Nous reproduisons cette lettre plus loin (p. 69).

Dans sa séance du 11 août 1791, la Société populaire de Beaumont reçoit une adresse des *Amis de la Constitution* de Couze, par laquelle ils témoignent le désir de s'unir et de fraterniser avec les *Amis de la Constitution* de Beaumont. Le président Delpit en donne lecture à la Société qui, en échange,

---

1. *Belvès*, chef-lieu du district dont dépendait Beaumont; aujourd'hui chef-lieu de canton de l'arrondissement de Sarlat.

2. *Couze*, gros bourg sur la Dordogne, commune de Lalinde.

3. *Montpazier*, chef-lieu de canton, à 14 kilomètres au sud de Beaumont, arrondissement de Bergerac.

leur offre « les forces et secours dont elle peut être capable », en
leur donnant l'assurance qu'ils partagent leur opinion et que
leurs sentiments sont les mêmes que ceux qui animent les clubistes de Couze.

Bien que Bergerac ne fût qu'à quelque 30 kilomètres de
Beaumont, il n'y eut entre les Sociétés populaires de ces
deux villes que des rapports rares et peu importants : envoi par
la Société de Beaumont à celle de Bergerac du tableau des vexations de L. de Paty (31 mai et 8 juin 1791), notification de la
députation des dames-citoyennes à la Société populaire de
Beaumont (4 juillet 1791), demande à la Société de Bergerac
par un membre de la Société de Beaumont d'étoffes propres à
faire un drapeau (20 octobre 1793) et c'est tout.

La Société populaire des *Amis de la Constitution* de Beaumont entra en correspondance avec celle de Montpazier dans
deux circonstances, le 26 juin 1791 et le 2 brumaire de l'an II.
En juin 1791, elle délégua à ses frères de Montpazier deux
de ses membres, chargés de leur apporter la nouvelle de l'arrestation du roi à Varennes. Deux ans plus tard, en frimaire de
l'an II, la Société populaire de Montpazier envoie, à son tour
à celle de Beaumont la copie d'une lettre, arrivée de la Vendée
par un courrier extraordinaire, annonçant « la défaite complète
des brigands, la prise qu'on leur a faite de 153 pièces de canon et
l'entrée des troupes de la République dans Cholet et Mortagne,
lieux où ces infâmes fanatiques ont commencé leur brigandage ».
C'est à la suite de cette lettre que les *Amis de la Constitution* de
Beaumont firent chanter un *Te Deum* en action de grâces dans
l'église paroissiale.

Les relations de la Société populaire de Beaumont avec celle
de Belvès ne paraissent pas avoir été très suivies. Je n'en trouve
aucune mention dans les procès-verbaux que j'ai eus sous la
main. Par contre, les *Amis de la Constitution* de Beaumont
recevaient de nombreuses lettres du Comité de salut public ou
des administrateurs du district qui se servaient d'eux pour surveiller et faciliter l'exécution de leurs arrêtés. Le district, à la
date du 3 nivôse an II, leur écrivait la lettre suivante, que je

tiens à reproduire ici, parce qu'elle nous fixe nettement sur le caractère des correspondances que l'administration échangeait avec les Sociétés populaires (*Arch. dép. Dordogne*, Série L-350) :

Belvès, le 3 nivôse, 2ᵉ année républicaine.

Bien persuadé, citoyens, que les Sociétés populaires sont les sentinelles de la Révolution, qu'à elles est confié le soin de faire exécuter les lois émanées du sein de la Convention et qu'elles sont les dépositaires du bonheur du peuple, qui leur est respectif, je m'empresse de vous transmettre :

1º Le décret de la Convention nationale relatif à l'organisation de l'instruction publique. La seule idée du but de ce décret doit vous faire concevoir l'empressement avec lequel vous devez veiller à ce qu'il soit exécuté. Car point d'instruction, point de gens instruits, point d'hommes qui connaissent leurs droits et leurs devoirs; et, alors, l'erreur devient un champ ouvert à la malveillance, sème les préjugés à la place des vérités et agite le peuple pour l'égarer.

2º La réponse de la Convention nationale au manifeste des rois ligués contre la République, proposée par Robespierre au nom du Comité de salut public et décrétée par la Convention-;

3º La seconde instruction civique et morale, prononcée à Périgueux par le citoyen Charles Voullonis le 2ᵉ décadi de nivôse.

Je suis persuadé, citoyens, que vous vous pénétrerez tous des bons principes qui sont renfermés dans ces différentes pièces et que vous vous empresserez de les propager avec votre zèle ordinaire.

(Suit la signature.)

Les relations de la Société populaire de Beaumont avec les *Amis de la Constitution* de Bordeaux sont plus intéressantes. La première correspondance échangée entre les deux sociétés remonte au mois de mai 1791. C'est une lettre partie de Beaumont le 17 mai (*Arch. dép. Gironde*, Série L-2108), dans laquelle la Société populaire de cette ville demande l'affiliation à celle de Bordeaux, en déclarant qu'« elle se dirige par les propres règlements » de cette dernière. Elle annonce, entre autres choses, que le sʳ Paty du Rayet, ex-conseiller au ci-devant parlement de Bordeaux, après avoir longtemps exercé toutes sortes de vexations dans le lieu qui était soumis à sa domination passée, avait solennellement promis de les réparer; qu'on attend cette réparation avec impatience à Beaumont et qu'il est à craindre que, s'il ne se hâte, cette impatience n'éclate d'une façon fâcheuse contre lui. A cette lettre, elle joint un extrait de son procès-verbal à ce sujet et un « catalogue » des actes vexatoires dont les « ci-devant vassaux » du sieur Paty[1] attendent la réparation.

Le 28 juin 1791, la Société de Beaumont écrit à celle de Bordeaux une deuxième lettre (*ibid.*), dans laquelle « elle promet de surveiller les ennemis de la patrie ».

Le 9 juillet suivant, nouvelle lettre (*ibid.*) de la Société de Beaumont annonçant à ses amis de Bordeaux que « la nouvelle de la fuite du roi, bien loin de décourager les citoyens de ce canton, n'a servi qu'à les réunir encore davantage et à réveiller leur patriotisme », de telle sorte que, depuis la fuite de Louis XVI, le nombre de leurs membres « a augmenté prodigieusement ».

Deux années se passent sans qu'on trouve, dans les procès-verbaux de la Société populaire de Beaumont, la mention d'une correspondance quelconque avec Bordeaux. On sait que, dans cet intervalle, la Société populaire de cette dernière ville avait été dissoute.

Le 2 octobre 1793, la Société populaire de Bordeaux, reconstituée sous le nom de *Club national*, écrit à la Société de Beaumont pour lui annoncer son rétablissement d'abord, puis pour lui demander d'entretenir une correspondance avec elle. Le président ayant donné lecture de cette lettre, un membre de la Société

---

1. Léonard DE PATY DU RAYET, conseiller au parlement de Bordeaux, seigneur de Lusiés et de Beaumont, avait succédé à son père, dans ces deux seigneuries, en 1769. Il résidait alternativement à Bordeaux et au château de Lusiés, près Beaumont. Comme son père Jean de Paty, Léonard de Paty était, si nous en croyons la tradition, un homme peu aimable. Hautain et vindicatif, il terrorisait ouvriers et paysans par d'éternelles menaces. Mais il n'était guère plus tendre pour les bourgeois ou même pour les personnes de condition noble qui, hiérarchiquement, dépendaient de lui et, quand on ne s'inclinait pas servilement devant son autorité seigneuriale, on s'exposait à des vexations, souvent aussi sévères que peu justifiées. Ainsi s'explique la lettre du 17 mai (avec le « catalogue » des actes vexatoires de M. de Paty) envoyée par la Société populaire de Beaumont aux « Amis de la Constitution » de Bordeaux (voy. L. TESTUT, *La Vie communale à Beaumont en Périgord à la fin de l'ancien régime*, Bordeaux, 1921).

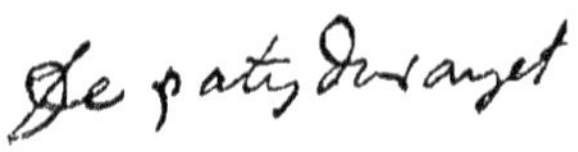

FIG. 18.

Léonard de Paty du Rayet, seigneur de Beaumont, en 1789.

demande « que la Société adhérât aux vues de nos frères les Bordelais et qu'en leur accusant réception de leur dépêche, elle leur témoignât ses sentiments et ses désirs de fraterniser avec eux ».

Mais tout le monde n'est pas de cet avis.

Un second membre se lève et expose : « que la conduite rebelle des Bordelais avait tellement aliéné tous les esprits qui font profession de véritables principes républicains, que les Sociétés populaires, qui étaient dans la bonne voie, avaient gémi sur l'égarement de celle de Bordeaux et avaient rompu toute correspondance avec elle; que cette correspondance ne pouvait être renouée que d'après une pleine conviction de leur retour aux principes constitutionnels et de leur soumission aux lois; que, enfin, notre Société, qui s'est toujours distinguée par son respect aux lois de la Convention, par son amour pour la patrie, la liberté et l'égalité, ne devait point se laisser prendre par des mots que la bouche prononce et que le cœur souvent désavoue ». Et il ajoute « qu'avant de renouer la correspondance réclamée, il fallait consulter les autres sociétés auxquelles celle de Beaumont était affiliée, marcher sur leurs traces et ne fraterniser avec les habitants de Bordeaux qu'après une sincère conversion, une abjuration authentique de leurs erreurs et qu'après qu'ils auront purgé leurs foyers des contre-révolutionnaires, qu'ils ont si bien accueillis, qu'ils gardent et qu'ils protègent encore dans leur sein au mépris de la loi ». L'assemblée, se rendant à ces « sages considérations », ajourne son vote jusqu'à ce qu'elle soit bien convaincue que les Bordelais « sont rentrés dans l'ordre et qu'ils ont effacé la tache dont ils sont noircis, par des preuves non équivoques de leur respect et de leur attachement aux lois ».

Trois jours après, le 5 octobre 1793, il est remis à la Société populaire de Beaumont une adresse des *Amis de la Liberté et de l'Égalité* de Bordeaux, dans laquelle « les habitants de cette cité assurent notre Société de leur sincère conversion de l'esprit d'erreur qu'ils avaient aveuglément adopté et dans laquelle de pernicieuses influences les avaient un moment subjugués en leur inspirant des projets fédéralistes, de leur parfaite obéissance aux lois émanées de la Convention nationale qu'ils reconnaissent avoir seule été dans la bonne voie ». A cette adresse se trouve jointe une déclaration ayant pour titre : *Profession de foi républicaine des membres composant la Société des Amis de la Liberté et de l'Égalité de Bordeaux.* Aux termes de cette profession de foi, les membres de la Société ont pour devise de *vivre.libres ou de mourir* : «Ils y témoignent leur dévouement à maintenir au péril de leur vie la Constitution acceptée le 10 août par le peuple français, la haine qu'ils jurent pour toujours à tout autre espèce de gouvernement que celui de la République une et indivisible; enfin, ils s'y peignent le plus étroitement attachés à la Convention nationale et reconnaissent ses décrets comme l'expression de la volonté générale. En témoignage de leur sincérité, ils contractent l'engagement de marcher les premiers à la défense de la patrie, sur les réquisitions faites en exécution des lois. »

Après la lecture, par le président, de cette lettre et de la déclaration qui y est annexée, un membre demande la parole et, après l'avoir obtenue, il fait la motion que, après « l'exposition des bons principes des Bordelais », dont on ne pouvait plus douter maintenant, on entretînt une correspondance suivie avec eux.

Sur ce, un autre membre se lève et combat vivement une pareille motion : ce serait une grave imprudence, dit-il, de renouer si légèrement avec les Bordelais, qui jusqu'ici n'avaient tâché de nous convaincre de leur retour que par de belles phrases et des élans de patriotisme qui, n'étant accompagnés d'aucune preuve authentique qui pût nous en garantir la sincérité, devaient nous en paraître plus suspects. En conséquence, il demande que la Société se contente pour l'instant de témoigner aux Bordelais sa satisfaction de l'abjuration qu'ils disent avoir faite de l'erreur contre-révolutionnaire, où les malveillants et les conspirateurs les avaient plongés; et de leur faire comprendre que, lorsque des républicains décidés abandonnaient la voie de la vérité pour suivre celle du mensonge, et qu'ils étaient assez faibles pour se laisser influencer par des personnages dont tous les actes, « obliques et sophistiqués », ne tendaient qu'au malheur du peuple, ces républicains étaient maintenant tenus, vis-à-vis de leurs frères, à donner des preuves non équivoques de leur conversion. Et il ajoute que la meilleure preuve qu'ils puissent fournir serait « la chasse de cette écume aristocratique des provinces qui est allée se réfugier dans leur cité et la recherche exacte de ces fédéralistes et de ces royalistes, qu'ils ont si bien accueillis »[1]. Cette motion, fortement appuyée et mise aux voix, est adoptée à l'unanimité. Et, quelques jours plus tard, les Montagnards de Beaumont envoient à la Société populaire de Bordeaux les noms des fédéralistes du canton qui s'étaient réfugiés dans leur ville et qui, au mépris de la loi, y jouissaient encore d'une entière liberté, en les invitant à les faire enfermer dans la maison d'arrêt.

Dans la séance du 14 frimaire de l'an II, un membre de la Société — qui est très probablement le même — revient à la charge et demande à la Société de témoigner aux clubistes Bordelais leur extrême surprise de ce que certains fédéralistes du canton, notoirement hostiles à la Constitution, parents d'émigrés, actuellement réfugiés à Bordeaux, y vivent tranquillement et en toute liberté. Il demande, en outre, qu'en donnant des renseignements précis sur « ces mauvais citoyens », notre Société priât celle de Bordeaux de faire toutes les diligences possibles pour les mettre en lieu de sûreté. Toutes ces demandes ayant été vivement applaudies et adoptées, le président annonce qu'aux premiers jours et conformément aux vœux de l'assemblée, copies des verbaux des 11 et 14 vendémiaire seront envoyées à Bordeaux avec « la lettre de recommandation pour ces vils individus ».

Les clubistes de Beaumont, on le voit, n'étaient pas tendres pour les parents d'émigrés, appartenant au canton de Beaumont, qui s'étaient réfugiés à Bordeaux. Ce n'étaient plus les *Amis de la Constitution*, révolutionnaires sans doute, mais révolutionnaires relativement modérés ; c'étaient maintenant les *Mon-*

---

1. Il est exact qu'un très grand nombre de royalistes de la Dordogne, en quittant leur commune, avaient cherché un asile à Bordeaux.

tagnards, avec la haine farouche qu'ils avaient vouée à tous les royalistes ou autres ennemis de la Révolution. Notre Société populaire n'avait pas seulement changé de nom : elle avait aussi quelque peu modifié ses sentiments et son langage.

Il serait, certes, intéressant de savoir ce qu'il advint de cette correspondance entre la *Société de la Montagne* de Beaumont et la *Société des Amis de la Liberté et de l'Égalité* de Bordeaux, au sujet de nos fédéralistes et parents d'émigrés. Je l'ignore et pour cause : le deuxième registre de la société des *Amis de la Constitution* de Beaumont s'arrête au 17 frimaire de l'an II. Mais ce que je sais bien, c'est que tous les parents d'émigrés auxquels il est fait allusion dans le procès-verbal de notre Société populaire rentrèrent à Beaumont sous le Directoire, sans avoir été le moins du monde inquiétés par la municipalité bordelaise, et porteurs de certificats de résidence parfaitement en règle que leur avait délivrés cette dernière.

VII

LES QUESTIONS DE PERSONNES
A LA SOCIÉTÉ POPULAIRE DE BEAUMONT

Les *Amis de la Constitution* de Beaumont eurent parfois à s'occuper de questions de personnes. Ils le firent avec beaucoup de tact et, quand ils durent régler quelque conflit, ils apportèrent toujours dans leur jugement, avec un vif désir d'apaisement, un grand esprit d'équité.

C'est d'abord, en 1791, le citoyen Chaval, marchand à Beaumont, qui se plaint qu'un de ses voisins, qu'il nomme d'ailleurs, l'a traité publiquement d'*aristocrate* (injure grave à cette époque!) et demande réparation. La Société, tout en reconnaissant le bien-fondé de la plainte de Chaval, ne voit pas, dans ladite injure, la gravité qu'il lui attribue lui-même et arrête qu'il n'y a pas lieu de délibérer là-dessus, laissant l'insulté et l'insulteur vider ensemble leur querelle.

Le 17 juillet 1791, c'est un groupe de membres de la Société qui se plaignent que le secrétaire de la Société, très obligeant d'ordinaire, ne l'avait pas été la veille au soir, en leur faisant attendre trop longtemps, au secrétariat, les nouvelles qu'ils étaient venus y chercher. Il s'était même permis, disaient-ils, de leur faire « une réponse un peu leste et malhonnête ». Le fait ayant été attesté par plusieurs personnes, la Société décide que le secrétaire « peu complaisant » méritait d'être réprimandé et, dans la séance suivante, le président lui infligea publiquement la peine de la censure.

Le 25 mars 1793, le citoyen Laval Dubousquet[1], ancien maire du Bel, qui depuis la suppression de sa commune, était venu habiter Beaumont, vient « faire part à ses frères » d'un affront que lui a fait la municipalité de Sainte Sabine, et il expose que le maire de cette commune, par animosité personnelle, lui avait fait enlever ses armes sous prétexte d'incivisme. Une telle injure, disait-il, retombait sur la Société elle-même, qui aurait admis dans son sein un membre calomnié de cette

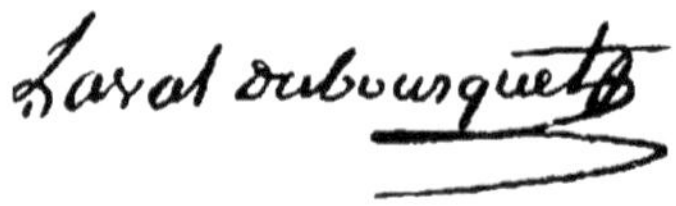

FIG. 19.

Audy Laval Dubousquet,
ancien maire du Bel.

sorte. Et il demande, lui qui fut toujours un ardent révolutionnaire, « l'assentiment général de la Société sur son civisme », persuadé que la Société rejetterait publiquement de son sein tout membre qui serait convaincu d'avoir une conduite incivique. L'assemblée, d'un commun accord, déclare qu'elle a « toujours connu dans le citoyen Laval un civisme pur et ardent, et qu'elle lui donnera tous les témoignages possibles pour obtenir réparation entière de la calomnie qui voudrait le

---

1. Pierre Audy LAVAL DUBOUSQUET, « licencié ès-lois, avocat en parlement », avant la Révolution habitait au lieu de Merle, dans la petite paroisse de Bel, juridiction de Cugnac. Son père, Charles Audy sieur Dubousquet était « conseiller du roy et son élu en l'élection de Sarlat ». Lorsque éclata le mouvement de 1789, le jeune Dubousquet, malgré ses attaches royalistes, n'hésita pas à embrasser la cause du peuple contre la noblesse et devint un fervent révolutionnaire ; aux élections de 1790, il fut nommé à l'unanimité maire de la commune du Bel. Quelques mois plus tard, quand la commune du Bel, trop peu importante pour constituer à elle seule une municipalité, fut supprimée et incorporée à la commune de Sainte Sabine, Laval Dubousquet, qui tenait à jouer un rôle dans la politique, vint habiter Beaumont, où il pourrait, lui semblait-t-il, donner libre carrière à son ambition.

A peine installé à Beaumont, Laval Dubousquet s'affilia à la Société populaire, entra en relations avec Louis Ters, Pierre Melon, Jacques Coste, Benoit Loiseau, etc., qui avaient alors en main l'administration des affaires cantonales et ne tarda pas à devenir leur collaborateur. Il débuta, sous la Convention, dans les fonctions modestes d'officier de l'état civil et de notable.

Sous le Directoire, les électeurs de Beaumont, à une très grosse majorité, le nommèrent agent municipal de la commune et il fit ainsi partie de la première administration municipale du canton, avec Louis Ters comme président, et Pierre Grenier comme commissaire du Directoire exécutif. Le 22 frimaire de l'an VI, il remplaça ce dernier au commissariat du Directoire exécutif et conserva ces fonctions jusqu'à la fin du Directoire (voy. à ce sujet L. TESTUT, *La petite ville de Beaumont en Périgord pendant la période révolutionnaire*, t. 1er, sous presse).

flétrir dans l'opinion publique ». Et, séance tenante, il lui est délivré une attestation de civisme signée de tous les membres présents.

Le même jour, le citoyen Dubut[1] demande que le citoyen Bertrand, huissier à la justice de paix, soit exclu de la Société et ce « pour des raisons qu'il a promis d'exposer et de prouver à la prochaine séance ». Cette prochaine séance devait avoir lieu le 27. Mais ni Dubut ni Bertrand ne s'y présentèrent. L'affaire n'était certainement pas sérieuse, car le citoyen Dubut n'était pas un homme méchant et Bertrand, qui

FIG. 20.

Le citoyen Jean Dubut,
officier municipal.

était un bon républicain, fut appelé, quelques jours après, par la confiance de ses collègues, aux fonctions de secrétaire de la Société.

FIG. 21.

Le citoyen Bertrand, huissier,
secrétaire de la Société populaire
en décembre 1792.

Lé troisième jour du second mois de l'an II, un officier de la garde nationale, en allant prendre la garde à la maison d'arrêt, fut surpris de ne pas rencontrer un reclus qu'il avait précisément mission de surveiller. Il apprit que l'officier qu'il remplaçait lui avait permis de sortir de prison pour descendre en ville prendre des rafraîchissements. Le cas était sérieux : l'officier qui prenait la garde, si le reclus en question s'était évadé, était responsable de cette évasion. Pour se couvrir, il signala le fait dans son rapport. Le fait fut aussi signalé à la Société populaire par un de ses membres qui, étant un patriote, ne pouvait comprendre qu'un officier permît à un « suspect », confié à sa garde, de sortir librement en ville. Il était naturellement indigné d'un

---

1. Le citoyen Jean Dubut, maître maçon et aubergiste, habitait, sur la Place Publique, la maison avec porche qui faisait l'encoignure de la Place et de la Rue de l'Église (maison de la Poste aujourd'hui). Aux élections municipales du 13 novembre, les électeurs le nommèrent officier municipal. Il fut réélu en 1792, en 1793 et en 1794. Homme très estimé, Dubut, au cours de la Révolution, fit partie de très nombreuses commissions administratives ou politiques.

pareil acte d'incivisme et, tout en félicitant l'officier de la garde montante de sa belle conduite, il proposa de dénoncer l'officier de la garde descendante au Comité de surveillance. Tous les membres présents à la séance sont de son avis et applaudissent. Mais le président, prenant alors la parole, prend la défense du coupable : il fait observer que son civisme est connu de tous, que, « s'il s'est autorisé cet abus, s'il a fait cette imprudence, ce n'est que par un trait d'humanité mal entendu et que, certainement, il a tout le regret possible de l'avoir fait ». Le président était prêtre (c'était l'abbé Lacoste, curé de Beaumont) et, malgré toute sa haine contre les suspects, il ne pouvait qu'in-

FIG. 22.

Le citoyen Pierre Delpit fils, ancien officier municipal.

cliner vers des mesures de clémence. Ayant demandé à l'assemblée « si elle était d'avis de pardonner le dénoncé d'après le témoignage qu'il nous donnerait de son regret », l'assemblée, qui l'avait en grande estime, répondit par l'affirmative. Le président renvoya alors l'officier imprudent, en l'invitant tout paternellement à mieux s'acquitter désormais de son devoir. A partir de ce jour, il n'oublia plus sa consigne et il est très probable que notre « reclus », malgré la chaleur pénible qu'il avait à supporter dans une cellule placée sous les toits, n'alla plus en ville « prendre des rafraîchissements ».

La séance du 9 octobre 1793 fut occupée presque tout entière par une querelle entre deux citoyens bien en vue, Delpit fils [1], marchand, et J. B. Lacoste, huissier.

---

1. Il s'agit de Pierre Delpit, le fils aîné d'Antoine Delpit de Belerd, ancien consul sous l'ancien régime, lequel avait épousé, à Beaumont, Sabine Grenier. Ne pas confondre avec son fils Antoine Delpit, qui signait Delpit fils et qui, en juin 1792, remplit pendant quelque temps les fonctions de secrétaire de la Société.

La séance ouverte, dit le procès-verbal, un membre (Delpit fils) a obtenu la parole et a dit : « qu'un autre membre de la Société s'était permis, cette semaine, de dire en Place Publique que sa mère (Sabine Grenier), qui a toujours donné des preuves de civisme, était regardée comme suspecte et qu'elle serait mise, comme les autres ennemis de la patrie, en état d'arrestation ; il a exposé que de pareils actes, de la part de ce membre, étaient attentatoires à la liberté et tout aussi arbitraires que ceux qu'on observait sous l'ancien régime; il a ajouté, du reste, que c'est très injustement que sa mère était accusée

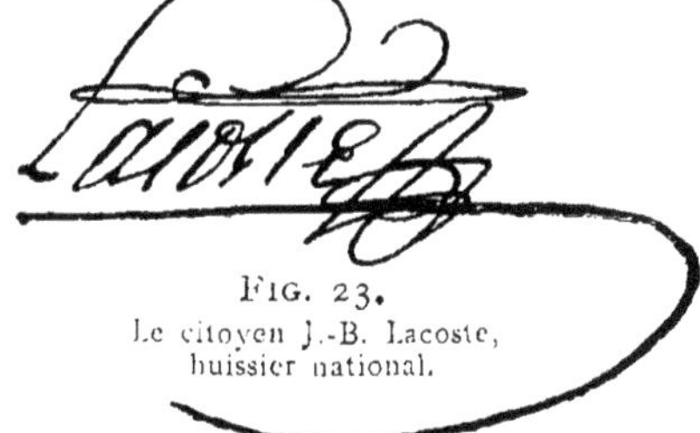

Fig. 23.
Le citoyen J.-B. Lacoste,
huissier national.

d'incivisme, elle qui, depuis la Révolution, avait toujours manifesté les sentiments les plus patriotiques ».

Sur ce, l'huissier Lacoste se lève et dit que c'est à lui que s'adresse l'accusation du citoyen Delpit, que c'est lui l'accusé. Mais il n'accepte pas la « dénonciation » dans les termes où elle est formulée et il raconte les faits de la façon suivante : deux habitants de Beaumont, dit-il, s'étaient plaints, sur la Place Publique, que la *citoyenne Robert*, débitante de tabac, avait refusé de leur en vendre au prix fixé par les décrets, parce que la *citoyenne Delpit* [1] mère, lui avait conseillé de ne pas tenir compte des décrets et de le vendre comme par le passé. Alors, lui, Lacoste, se serait permis de dire à la citoyenne Delpit que si le fait était exact, si elle avait réellement conseillé à la citoyenne Robert de vendre son tabac au-dessus du tarif et de violer ainsi

---

1. La ville de Beaumont avait à ce moment-là, comme aujourd'hui du reste, deux bureaux de tabacs : l'un appartenant à la *citoyenne Delpit*, qui habitait, sur la Place Publique, la maison (avec cornière) qui forme l'angle sud-est de la Place (ancienne maison Gibert) ; l'autre, tenue par la *citoyenne Robert*, qui avait sa boutique dans la maison formant le côté sud de la Place des Mesures (actuellement maison Avezou). De ces deux bureaux, le premier a passé successivement, après les Delpit, à M. Latour, à sa fille Mme Fullia, à M. Abel Delpit ; il appartient aujourd'hui à M. Grondin. Le second, je l'ai vu en 1854 entre les mains de Mme Mayzonnade, puis de Mme Fuelhe : il est géré, aujourd'hui, sur la Place de l'Église, par M. Fage.

la loi, elle serait regardée comme *suspecte* et, à ce titre, suscep-
tible d'être mise en état d'arrestation. Il se défendait, du reste,
d'avoir voulu attaquer directement la réputation de la mère de
son accusateur; mais il ajoutait que, si l'accusation formulée
contre la citoyenne Delpit était pour lui réellement établie, il
n'hésiterait pas à la poursuivre lui-même comme réfractaire à
la loi.

Une pareille explication ne donne nullement satisfaction à
Pierre Delpit qui, maintenant sa motion, demande que
l'huissier Lacoste soit déféré au Comité de surveillance et
condamné par lui à « réparer publiquement la réputation
de sa mère, qu'il prétend flétrie » par l'accusation portée
contre elle.

C'était vraiment donner trop d'importance à un vulgaire
incident qui n'intéressait nullement ni la commune ni la Société.
La Société refusa de s'y attarder plus longtemps et, sur l'observation d'un de ses membres, que le Comité de surveillance
devait se borner à surveiller les ennemis intérieurs et n'avait
aucune qualité pour s'immiscer dans des actes justiciables des
tribunaux, elle vota l'ordre du jour.

En l'an II, les 21 et 22 brumaire, les séances de la Société
populaire furent encore troublées par des discussions particulièrement vives et nous les rappellerons ici parce qu'elles
eurent pour épilogue une réconciliation générale vraiment
touchante.

La Société, depuis quelque temps déjà, était en pleine effervescence. Pour quelles raisons ? Les registres de la Société sont
muets à cet égard. Mais j'ai tout lieu de croire que ces raisons
se rattachaient, comme d'habitude, à des questions de personnes
plutôt qu'à des questions de principes. La séance du 21 fut très
orageuse. Le procès-verbal, très court du reste, ne nous donne
aucun détail sur ce qui s'y est passé; mais, dans son laconisme,
certainement voulu, il nous dit clairement que des altercations
violentes se sont élevées entre certains membres, que des gros
mots ont été échangés, accompagnés de menaces..., allant peut-
être jusqu'aux voies de fait.

Lisons ce procès-verbal :

Séance du 21 du mois de brumaire, l'an II de la République française une et indivisible.

Présidence de Lacoste.

La séance ouverte et l'un des secrétaires ayant fait lecture du procès-verbal de la dernière séance, qui a été adopté, un membre a demandé la parole et, après avoir parlé quelque temps sur des choses qui amenaient une discussion *qui devait rendre la séance orageuse,* un autre membre a fait la motion que la discussion fût fermée et qu'elle fût renvoyée au lendemain, à neuf heures du matin, où les *esprits seraient plus calmes.* Sa motion ayant été vivement applaudie, l'assemblée a arrêté qu'elle se rassemblerait le lendemain à neuf heures. Et, comme quelques membres avaient occasionné du trouble *en s'échauffant trop* sur le sujet de cette discussion, il a été aussi arrêté que l'assemblée déciderait sur leur compte.

Le citoyen Girot a ensuite demandé d'avoir le premier la parole pour la prochaine séance. Le président a aussi demandé de parler le second et l'assemblée lui a accordé la parole.

Fait et arrêté les jour et an que dessus.

LACOSTE, *président.*   BLANCHARD, *secrétaire.*
LABARRIÈRE, *secrétaire.*

Le lendemain, à 9 heures précises, la Société est réunie dans le local ordinaire de ses séances, sous la présidence du curé Lacoste. L'affluence est considérable et dans la salle et dans les tribunes.

Conformément à l'ordre du jour, le citoyen Girot [1], le premier inscrit, prend la parole : il exprime, d'abord, toute la peine qu'il avait éprouvée des incidents tumultueux survenus dans la séance de la veille; puis, il fait la motion que les membres « tombés en faute » soient exclus pour trois mois de la Société. La motion est vivement applaudie.

Après Girot, le président Lacoste, le second inscrit dans l'ordre de la parole, dit à son tour son regret profond « d'avoir

---

[1]. Pierre GIROT, (en patois *Zirot*), marchand, sergent de la garde nationale, habitait, sur la Rue Froment, la grande et jolie maison occupée aujourd'hui par Mme Ve Delrieu. Au cours de la Révolution, il fut à plusieurs reprises chargé de missions importantes, notamment en ce qui concerne les affaires de subsistances, les recensements, les réquisitions. Il eut pendant quelque temps la garde du magasin de Beaumont.

vu la Société avilie au point où elle le fut » et, s'associant à la motion du citoyen Girot, il demande lui aussi que les « membres en délit » soient punis par une exclusion de trois mois.

En réponse à ces deux discours, un autre membre, beaucoup moins sévère, observe « qu'une société, fondée comme la Société populaire de Beaumont sur les bases de l'union, devait être indulgente et portée à pardonner toutes les fois que les délinquants témoigneraient du regret de s'être écartés et reconnaî-

FIG. 24.

Le citoyen Pierre Girot, marchand, sergent de la garde nationale.

traient leur faute; il fait la motion que l'assemblée oubliât tout ce qui s'était passé et, qu'en témoignage de leur sincère repentir et de l'oubli de leur faute, tous les membres se donnassent l'accolade fraternelle ». En présence d'une proposition si aimablement conciliante, les citoyens Girot et Lacoste, qui ne cherchaient, eux aussi, que l'union et la concorde entre citoyens d'une même ville, retirent la leur, pourvu que les membres en faute viennent publiquement témoigner leur repentir « de s'être comportés comme ils l'avaient fait ».

Alors les deux membres « qui avaient manqué » (ils n'étaient donc que deux?) se sont levés et, humblement, avec des larmes dans la voix, « ont manifesté leur sincère repentir *à toute la Société* qui, spontanément s'est levée tout entière et a donné le spectacle touchant de la plus grande union par les cris de *Vive la République* et par des embrassades qui ont continué au moins une demi-heure, et dont il a résulté, ajoute le procès-verbal, un torrent de larmes, qui était le sûr garant du repentir et du pardon ».

L'émotion est à son comble.

Mais ce n'est pas tout. L'assemblée, tout entière maintenant à l'idée de conciliation, ne pouvait s'arrêter là.

Un membre, ayant demandé la parole et l'ayant obtenue aussitôt, observe que, pour que la fête fût complète, « il fallait que tout ressentiment qui, même, n'avait pas pris sa source dans la Société, fût éteint » et, en conséquence, il demande qu'un certain nombre de sociétaires qui n'étaient pas bien entre eux et qui n'assistaient pas à cette séance soient, eux aussi, invités à se donner l'accolade.

La proposition est acceptée avec enthousiasme.

On va les chercher, on les amène, on les réconcilie et, dit le procès-verbal, « la joie a recommencé dans la salle par des embrassements réitérés de tous les membres ». Un membre demande alors que, « pour cimenter les promesses d'amitié et de fraternité qui venaient de se faire », il fût fait un repas civique, auquel seraient invités tous les membres de la Société.

Ce n'était pas encore fini.

Le président propose de clore la séance par le chant de la *Marseillaise* et, comme sa proposition est accueillie avec joie par toute l'assistance, il demande aux citoyennes de la tribune de vouloir bien leur envoyer dix des leurs, celles qui possèdent les plus belles voix, pour s'associer aux membres de la Société et chanter avec eux l'hymne cher aux républicains. Ces citoyennes descendent et, sous les voûtes de l'ancienne chapelle retentissent les couplets de la *Marseillaise*. Le chant terminé, le curé Lacoste demande que les citoyennes « qui s'étaient ainsi rendues aux vœux de la Société » soient, à titre de remerciements, agrégées à la Société comme membres, proposition qui est acceptée à l'unanimité. Mais alors, les citoyennes qui, faute de belle voix, avaient dû rester là-haut dans la tribune, protestent et réclament. Un membre galant (il y en avait toujours dans la Société populaire), qui a vite compris ce qu'elles désirent, demande la parole et, se faisant l'interprète de leurs vœux, il expose qu'il est malheureux, pour les citoyennes qui sont encore aux tribunes « de n'avoir pas été douées par la nature d'une belle voix », et qu'il ne serait pas juste qu'elles en fussent les victimes. Il demande, en conséquence, que la Société les fasse bénéficier du privilège qu'elle vient d'accorder à leurs compagnes et qu'elles soient, elles aussi, inscrites au nombre des agrégées. Cette motion, comme la précédente, est vivement applaudie et votée à l'unanimité.

Sur ce, le curé Lacoste lève la séance et la foule se retire, emportant de cette réunion et de tout ce qui s'y est passé, réconciliations touchantes entre citoyens, embrassades générales se poursuivant pendant plus d'une demi-heure, torrents de larmes arrachées par l'émotion, exécution joyeuse de la *Marseillaise* par tous les membres de la Société, etc., un souvenir ineffaçable.

Quelques jours plus tard et conformément à la décision prise, les membres de la Société populaire, les anciens et les nouveaux, les citoyens et les citoyennes, se réunirent en un « repas civique ». On y fraternisa gaiement et, de nouveau, au milieu d'un enthousiasme général, on chanta en chœur l'hymne marseillais. Ce fut comme le dernier écho de cette séance mémorable du 22 brumaire, que l'on pourrait appeler la *Fête du pardon et de la fraternité*.

VIII

LA FIN DE LA SOCIÉTÉ POPULAIRE

Le dernier registre de la Société populaire de Beaumont
n'étant pas arrivé jusqu'à nous, nous ne pouvons savoir exactement la date à laquelle elle tint sa dernière séance. Il est très
probable que, comme les autres Sociétés populaires de la région,
elle dura jusqu'au jour (6 fructidor an III) où la Convention,
sur la proposition de Mailhe, prit un décret aux termes duquel
« toute assemblée connue sous le nom de *Club* ou de *Société populaire* était dissoute; qu'en conséquence les salles où lesdites
assemblées tenaient leurs séances seraient fermées sur-le-champ
et les clefs en seraient déposées, ainsi que les registres et papiers,
dans les secrétariats des maisons communes ». Mais nous ne
saurions l'affirmer d'une façon précise : nous ne possédons, à ce
sujet, aucun document émanant de la Société elle-même et, d'autre
part, les registres de la municipalité, à la fin de la Convention
et au commencement du Directoire, ne font aucune mention
du décret du 6 fructidor et, *a fortiori*, de son application.

Tout ce que nous savons de la promulgation de ce décret à
Beaumont, c'est qu'il y fut bien accueilli par le parti républicain
modéré, à la tête duquel se trouvait Louis Ters, lequel quelques
semaines après, devait être nommé président de l'administration municipale du canton. A l'assemblée primaire du 22 fructidor an III, réunie pour nommer les électeurs du deuxième
degré destinés à prendre part à la prochaine élection législative,
Louis Ters, président de la 1re section, en ouvrant la séance,

donna lecture du rapport fait par le représentant du peuple Mailhe à la Convention nationale et de la loi qui en avait été la conséquence, le tout relatif à la clôture des Sociétés populaires, et cette lecture, ajoute le procès-verbal, fut suivie des plus vifs applaudissements.

Nous sommes, maintenant, à la fin de la Convention et déjà, depuis quelque temps, comme le dit fort justement Aulard (*loc. cit.*, p. 515), les Sociétés populaires « ne jouaient plus aucun rôle dans le gouvernement révolutionnaire, dont elles avaient été l'un des organes les plus actifs. Excitatrices, régulatrices de l'opinion, elles avaient créé l'unité morale de la France nouvelle et, par cette unité, assuré son indépendance. On ne voit plus, à partir du moment où elles se taisent, de ces courants d'opinion nationale qui avaient produit de si grands résultats. L'opinion publique se divise incertaine. La France républicaine ne sait plus faire simultanément ces efforts de volonté énergique dont elle avait étonné le monde. »

TABLE DES MATIÈRES

BORDEAUX. — IMP. GOUNOUILHOU

9 782329 037523